もてなしだけではもう食えない

沢柳知彦

オータパブリケイションズ

目次

もてなしだけではもう食えない

目次

まえがき

はじめに、本書を手にとっていただき、誠にありがとうございます。まずは、まえがきに代えて、銀行と不動産会社に勤務していた筆者が何故このようなホテル再生の小説を執筆するに至ったのか、その動機を説明させてください。

筆者が外資系不動産会社において20年間携わってきたホテル開発・投資の現場では、投資家とホテル運営現場で働く方との間に厳然たる（経営学やファイナンスなどの）知識の格差が存在し、その格差が投資家とオペレーターの利益や賃金の格差になっていると感じていました。そして、そういった体系的知識を必ずしも習得していないホテルマネジャーがその格差を埋めるべくホテル経営学を学ぼうとしても、ホテル経営学を日本の経営環境に合わせて体系的に網羅した教科書は、筆者の知る限り、残念ながら存在しないようです。

もちろん、米国製造業をベースに発達してきたMBA科目の教科書は多数存在し、それらをよく理解して応用すればホテル経営に役に立つはずですが、ホテルビジネスという特定の業界にフィットした活用方法を自力でひねり出すのは容易なことではありません。特に、日々の業務をこなしながらでは、なかなかＭＢＡの個々の科目の勉強に多くの時間を割くことは難しいでしょう。

　筆者は立教大学の社会人向けビジネススクールであるビジネスデザイン研究科でホテルマネジメントとホテルインベストメントという2科目を担当してきましたが、社会人が仕事と勉強を両立させるには大変な努力が必要です。これまで大学側は社会人ＭＢＡコースのように夜間・土曜日開講という形で社会人をアカデミックな世界に呼び込むことに注力してきました。しかし、コミットする時間と費用を考えると、社会人が大学院の門を叩くという意思を固めるにはもう少し工夫が必要だと感じました。アカデミックな世界が課題解決を求める社会人を迎えにいき、「学ぶ知識を使って目の前の課題をこうやって解決する方法があるよ」と勧誘する必要があるのではないかと。

　本作は筆者のそうした考えを具体化すべく企画されました。具体的には、科目ごとに知識を積み上げながら学ぶのではなく、現場の経営課題を解決するにはどんな科目のどんなフレームワーク（考え方）が必要か、を提示する方法をとりました。そして、それを通常の教科書のような一般化した説明ではなく、物語の設定で主人公が直面する経営課題に落とし込み、わかりやすく説明するよう心がけました。本作で採用した、大学教授が卒業した教え子に知恵を授けるという図式は、エリヤフ・ゴールドラット氏の名著『ザ・ゴール』をなぞらえています。この作品は製造業というホテル業とは経営環境が大きく異なる舞台を元に執筆されていますが、ＭＢＡで学ぶフレームワークをわかりやすく物語に落とし込み、読者の大いなる支持を受けてきました。もちろん、小説としてストーリー展開がおもしろいこともヒットの重要な要素でした。本作でも、単なる小説として読んだとしてもおもしろいよう、腐心しました。

筆者にとって小説の執筆は素人故、かかる所期の目的が達せられたかどうかは疑問ですが、少なくとも日本のホテルマネジャーが理解すべきフレームワークを盛り込み、その知識をできるだけ自分のホテルに持ち帰って実践できるようなヒントを付け加えたつもりです。これを機に「おもてなし」だけではない、日本の経営風土に沿ったホテル経営学の体系化と教科書の整備が進むことを期待しておりますし、筆者もその一翼を担えるよう、引き続き努力したいと考えています。

本作執筆にあたり、本企画にご賛同を頂き業界誌・週刊ホテルレストランにおいて貴重な連載誌面をご提供いただいたうえ、今回の書籍化にも多大なるご尽力をいただきました株式会社オータパブリケイションズ執行役員兼マネージングディレクターの岩本大輝様には心より御礼申し上げます。また、本作の主人公・花森心平のプロフィールを自著『リベンジ・ホテル』から引用することをご快諾いただいた小説家（かつ銀行業界の大先輩）の江上剛先生にも、厚く御礼申し上げます。江上剛先生とは立教大学広報部を通じて知己を得ることとなり、先生の著作『ラストチャンス─参謀のホテル』では取材協力をさせていただく機会をいただきました。作品中、筆者に似た名前のアドバイザーが登場するのには、そういった背景があります。

最後に、本作執筆・出版は奇しくもコロナ禍がホテル業界を未曾有の危機に陥れているタイミングに重なりました。残念ながら、ホテル業界にすぐに効く特効薬はありません。人間の感染症対策と同様、経営課題の本質をブレークダウンして、一つ一つ課題解決にあたるしか手はありません。その課題解決にあたるホテルマネジャーにとって、本作がその一助となれば幸いです。

２０２１年９月吉日　沢柳知彦

第一章

プロローグ

自動ドアが開き、客とともに師走の冷たい風がホテル館内に入ってくる。朝食・昼食・夕食いずれの時間帯も食事を提供するホテルのレストランをオールデイダイニングレストランと称するが、816の客室数と5つのレストラン、そして大小宴会場を備えたホテルメガロポリス東京のオールデイダイニング「ウエストゲート」はホテルのエントランスドアからほど近く、レストラン入口付近では外気が感じられる。

レストランマネジャーの花森心平は今の時間帯――午後3時頃のアイドルタイムが嫌いだ。館内にはカフェラウンジ「丸池（まるいけ）」もあり、ビジネスマンの商談やご婦人方の集まりは大抵そちらが使われ、「ウエストゲート」は閑散としている。都内外資系ホテルのようなデザートブッフェを絡めたアフタヌーンティーでも出せば人気がでるような気もするが、ここ池袋にそんな上客がいるのか、自信がない。ホテルの売上はここのところ芳しくなく、心なしか館内に活気もない。総支配人の財津浩二の発案で『ホテル活性化委員会』なる部門横断組織が半年くらい前に立ち上がり、花森もそのメンバーとなったのだが、館内全体になんとなく活気がない点は誰もが気にしているようだ。一時期多かった、騒がしいインバウンドグループがめっきり減ったのも理由のひとつかもしれない。目の前に客がいないと漠然とした不安が募る。少しでも活気を取り戻すべく、創業以来大切にしている「家族に接するようなおもてなしの心」を前面に出し、より笑顔で親身な接客をしよう、と委員会で決めたものの、それがどう売上増加につながるのか、よくわからない。それに、まずは接客をする相手がいないとどうにもならない。店内では仲の良い女性ホールスタッフの二人が他愛もないおしゃべりを始めた。普段なら注意するところだが、何しろ客がいない。放っておこう。

「花森さん、何考えてるんですか？」

振り返ると新入社員の森本玲奈が目をくりくりさせながら立っていた。彼女は学生時代からホテルやレストランでアルバイトをし、大学では観光学を専攻し、なるべくしてなったホテルウーマンだ。小柄な体つきにボブヘアが良く似合い、いつも笑顔を絶やさない。所作もキビキビしていて、話をしているだけで元気を与えてくれる。彼女にこそ活性化委員会に入ってもらった方がいいな、と花森はふと考える。まだ、新入社員だけど。

「いや、今日もアイドルタイムの客の入りが少ないなあ、と思って。森本は不安にならない？」

「ランチタイムはそこそこ忙しいじゃないですか。ウエストゲートは喫茶もできるけど、基本的にはレストランなんだからアイドルタイムにお客さんが入らないのは仕方ないんじゃないですか？」

まあ、その通りだ。人気のラーメン店じゃないんだから、ランチタイムを過ぎても客が列をなすなんてことはありえない。そんなこと、新入社員に指摘されてどうする？　花森は苦笑いをした。

その時、50代と思しき中年男性と30代くらいの女性の二人組が入店してきた。女性の方はスレンダーでスーツとタイトスカートを纏い、セミロングのウェイブをかけた髪が良く似合う。肩で風を切って歩く、いわゆる「できる」キャリアウーマンを絵にかいたような美人だ。歳は同じくらいだろうか。かっこいいな、テレビドラマだったらこんな人と一緒に仕事できるのにな、と花森は思う。この二人、上司と部下？　夫婦のようではない。もしかして、不倫関係？　余計なことを考える。

「喫茶だけなんだけど、よろしい？」

女性客の方が男性客を先導する形で訊いてきた。ちょっとハスキーな声もいい。もちろんですとも、と答えながら、花森は二人を窓際の席に案内する。窓の先には箱庭風の竹林が作られており、都心ながら少しだけ和を感じられるようになっている。何年か前のインバウンドブームの頃には面白がって写真を撮っている外国人もいたが、インバウンド客が減ったこの頃は誰の関心も集めていない。そもそも竹なので季節感もない。今度の活性化委員会で箱庭のイメージチェンジを提案してみようかな、と漠然と考える。

「こちらの席でよろしいでしょうか？」

二人を着席させホールスタッフに引き継ごうと席を離れようとした瞬間、初めて男性客の顔をきちんと見た。知っている。誰だっけ？・・・そうだ、母校・東西大学経済学部の辻田健太郎専任講師だ。卒業がかかった4年生のとき、試験の前日までアルバイトに精を出したのが祟り、先生の指導科目「観光経済論」の単位を落とすことが決定的となった。勇気を出して先生の研究室まで直談判に出かけ、単位取得の約束を取り付けたことを思い出した。意外と気さくに話をしてもらい、同郷の兵庫県出身だということもわかり、予想以上に長く雑談した記憶がある。結局、追試レポートを提出することを条件に単位をくれることになった。おかげで留年せずに卒業することができた。

花森は咄嗟に声をかけた。

「辻田先生、私です。15年前、東西大学で単位を落としそうになり、追試レポートで救ってもらった、花森です。」

辻田は驚いて顔を上げ、花森をみた。トレードマークの黒縁丸メガネの視線の奥で、記憶を辿っているようだ。辻田は15年前より年は取っているが、もともと老け顔だったせいか、風貌はあまり変わっていないように見える。

「たくさんの学生を見ておられるのでご記憶にないかもしれませんが、私は同郷の丹波出身で、一度先生の研究室で丹波大納言小豆をどうやって食べるのがおいしいかについてディベートをさせていただきました。おかげ様で無事に卒業し、ご覧の通りホテル業界で働いています。」

「ああ、思い出した。花森くんか。正直、そんなに多くの学生を覚えているわけではないけど、君のことは覚えてる。卒業がかかっていると、切羽詰まった顔で研究室を訪ねてきたよね。確か、ご実家が野菜農家だった？」

「その通りです。覚えていていただいて光栄です。」

「そうか、このホテルで働いているのか。」

そういうと辻田は年季の入ったカバンから名刺入れを出した。差し出された名刺には、立身大学経営学部特任准教授　辻田健太郎、とある。花森の母校東西大学のときは専任講師だったと記憶している。大学の格も上がり、あの頃より出世しているようだ。スーツの着こなしは今一つパリッとしてないが、確か辻田はサラリーマンの経験があるのではなかったか？　花森は辻田が講義の合間に語ったサラリーマン時代のエピソードを15年ぶりに思い出した。そうだ、以前は不動産屋だったはずだ。

「僕は今、すぐそこの立身大学にいるんだ。元々僕の専門は経済学ではなくて、経営学でね。ようやくここに経営学を教えるポストが見つかったというわけだ。」

「そうですか。お近くですから、是非ごひいきにしてください。私はここでレストランマネジャーをしています。」

花森も名刺を渡し、今度こそ席を離れようとした。離れ際に改めて女性客の方に目線であいさつをしたのだが、彼女の目は何かを訴るように花森に向けられていたことに今更ながら気が付いた。彼女も自分の知り合いだろうか？　どこかで接客をしたことがあっただろうか？　持ち場に戻りながら考えを巡らせたが、答えはでなかった。

＊　＊　＊　＊　＊

翌年4月1日、花森はホテルの地下1階オフィスにいた。3月末に人事異動が出て、総支配人の財津浩二が新設したポストである経営企画室長に任命されたのだ。室長といっても専用の部屋があるわけではなく、財務部の一角に机があるだけ。部下もおらず、秘書業務は財務部長である近藤誠一の秘書、田辺ひまりが兼務している。これまでのホテル業界人生を通じて接客部門の業務経験しかなく、常に外の天気がわかる窓のある職場だった花森にとって、自然光が届かない地下のオフィスで接客をせずに仕事をするという業務環境の変化は相当なショックだった。しかし、何よりショックだったのは、室長として与えられたミッションだった。人事異動の内示が出た日、財津は花森を総支配人室に呼んだ。花森に年季の入った応接ソファへの着席を進めながら、こう切り出した。

「花森君、今度新しく経営企画室という部署を立ち上げることになってね。君にはその室長をやってもらうことにした。」

財津は50代後半のがっしり系高身長、グレイヘアを短くまとめ、欧米からの宿泊客に挨拶する際に体格容姿ともに全く引けを取らない。堂々とした振舞い、ゆっくりとした話し方、そしていつも沈着冷静な態度は花森の憧れである。そんな財津から何やら重要なポストを与えられることになり、花森の心は踊った。「室長」という肩書も心地よい。何の仕事かはわからないだろうが、田舎の父と母もきっと喜ぶことだろう。だが、財津の顔は暗い。財津の秘書、藤田幸子が無言でコーヒーを二人の前に置き、会釈をして退室したあと、財津は続けた。

「このホテルがここのところ業績不振なのは君も知っているよね。実は3週間ほど前、豊島（としま）社長に呼ばれたんだ。社長はこのホテルにこれ以上の金融支援はしないと言ってきた。ここは、彼のホテルなのに・・・」

豊島社長はホテルメガロポリスの社長であると同時に、ホテルの親会社豊島興産のオーナー社長でもある。豊島興産の本業である不動産デベロッパー業は順調と見え、地元池袋の東口側にビルをいくつも開発し、所有している。ホテルがある西口には豊島興産のライバル、野座間産業がディスカウントストアNOZAMAをいくつも構えており、豊島興産にとってこのホテルは池袋西口における勢力拡大の拠点のはずであった。

「財津さん、確かにうちのホテルはここのところ売上不振です。でも、経営環境が厳しいのはうちだけじゃないですよね？　活性化委員会を作って改善策をいろいろ話し合っていますし、何より客室稼働率はまだ80％超えを維持しているはずです。親会社の支援はなくても何とかなるんじゃないんですか？」

ホテルによっては総支配人を「総支配人」と呼んだり、英語表記 General Manager の頭文字をとって「GM」と呼ぶところもあるが、ホテルメガロポリスでは財津の方針で、誰でも「財津さん」と呼ぶようにしている。財津は目を閉じ、腕を組み、ため息混じりに答えた。

「僕もね、そう思っていた。君も知っての通り、僕はずっと接客部門を歩んできた。正直、数字にはあまり強くない。詳しくは財務の近藤君に聞いて欲しいんだけれど、簡単にいうと、一定の運営利益は出てはいるものの賃料支払負担が大きくて最終的には赤字、ということだ。」

「えっ、賃料負担で赤字って、このホテルは豊島興産が所有しているんじゃなかったんですか？」

「うん。先代の社長が建てた時はそうだったらしいんだけど、90年代のバブル崩壊で豊島興産も一時経営が苦しくなって、２０００年代の初めにはホテルの土地と建物を帝国生命に売ったそうだ。それ以来、うちのホテルは帝国生命のテナントとして家賃を払い続けているというわけだ。」

花森も接客は好きだが数字には疎く、とにかく売上を維持していれば経営は何とかなると漠然と考えていたが、どうもそうではないようだ。自分が勤める会社が赤字、と経営陣から聞かされるのはショックである。しかも、本業でそこそこ儲けていても、賃料を払うと赤字らしい。そもそも、「赤字」って、いったいどういう意味なんだろう。会計の勉強をきちんとしておけばよかった。

「花森君、実は問題はそれだけじゃないんだ。豊島興産の金融支援が得られないとなると、活性化委員会で検討している客室改装計画の資金調達ができない。」

「なるほど。だから財津さんは委員会の場で改装計画についてあまり積極的な発言をしておられなかったのですね。でも、銀行からお金を借りてみては如何でしょう？　確か、近藤部長はミズナミ銀行出身でしたよね？　ミズナミの池袋支店は優良顧客謝恩パーティーを毎年うちで開催してくれています。」

「もちろん、近藤君にも相談している。でもね、ミズナミ銀行との取引関係はこのホテルとしてではなく、豊島興産本体となんだ。豊島興産が保証してくれないとこのホテル単独では改装投資資金の融資は難しいらしい。」

いつもの自信に満ちた表情はどこへやら、財津はいつになく弱々しい話し方をしている。

「そうなんですか。なるほど。経営企画室の役割が見えてきました。このホテルの収益構造を改善し、自力で賃料が払えて改装投資が行なえるようにする、ということですね。ある意味、活性化委員会の役割を正式な部署に衣替えするとも言えそうです。私がどこまでやれるかわかりませんが、ご期待に沿えるよう、頑張ってみます！」

花森にこの難局を乗り越える自信はまったくないが、自分のホテルを救いたいという気持ちはある。活性化委員会のメンバーもサポートしてくれるだろう。総支配人室にのしかかる重苦しい雰囲気を払いのけたくて、花森は敢えて元気な声を上げた。

「花森君、ありがとう。君のその前向きな姿勢には感謝します。でも、問題はそれだけじゃないんだ。」

「えっ、まだあるんですか？」

「うん。実は、これが一番差し迫った問題なんだが・・・。帝国生命との賃貸借契約期間は22年間、再来年の3月に満期を迎える。これまで豊島社長がコロナ禍のときの一時的なものも含めた賃料減額交渉をやってこられたが、これが仇となり、帝国生命はこのままでは契約を更新しないといってきているそうだ。」

「あのぅ、馬鹿な質問をして申し訳ないのですが、契約が更新されないとどうなるのですか？」

「ホテルメガロポリスはこの建物から退去しなければならない。すなわち、このホテルは営業を終了せざるを得ない。」

　財津の無感情な言葉が裁判官による判決言い渡しのように部屋に響き、総支配人室はしばし沈黙に支配される。

「あのぅ、ということは、我々は首になり、路頭に迷うと・・・」

「最悪の場合、そうなる。ただ、帝国生命はその後もホテルを継続させようとするだろう。彼らも賃料が欲しいからね。そうなれば別のホテルオペレーターが誘致されることになるけど、ここのホテルスタッフは皆、優秀だ。多くは再雇用される可能性が高いんじゃないかな。」

　財津の答えは、わかったような、わからないような答えだ。この部屋に入って来るまでは毎日出社して同じ仲間と一緒に働ける職場がずっとそこにあると信じていたのに、実はあと2年でその職場が崩壊してしまうかもしれない。花森は財津の説明を受け止めきれず、狼狽した。しかし、この部屋が沈黙で支配されるのは怖い。上ずった声を何とか絞り出し、自分の理解を確認する。

「さ、再雇用される可能性があるということは、再雇用されない可能性もあるということですね？」

「そういうことになる。」

目の前のすっかり冷めてしまったコーヒーを一気に飲み干し、財津は一息つく。

「悪い話はここまでだ。花森君、ここからは前向きな話をしよう。帝国生命は当方の継続的な賃料減額要請を撤回し、更に契約更改時に行なう予定の約10億円の大規模修繕工事完了後に7％の賃料増額、すなわち年間16億円の賃料設定に合意するなら契約更新に応じると言っているそうだ。」

「えっ、こちらから賃料減額のお願いをしている状況なのに、帝国生命は増額要請ってことですか？全然前向きな話じゃないんですが・・・」

「そんなことはない。要は活性化委員会で検討している収益改善計画を実行し、ホテルの利益が上がってくれれば、客室改装費用も捻出でき、賃貸借契約も更新できる、というわけだ。話はシンプルだろう？」

「ですが、利益を向上させるための客室改装費が捻出できないと改装が行えず、利益が上がりません。」

「花森君の言いたいことはわかる。だから、経営企画室という専門部署を立ち上げ、まずは大規模な改装投資を行なわずに利益を上げる方法を考え、実行に移してもらいたいんだ。利益増加傾向が見えれば改装費用の資金調達も何とかなるだろう。君は入社面接のとき、新入社員時代に勤務先のホテルの業績改善に一役かったことがある、と言っていたじゃないか。是非、その知恵と行動力をこのホテルに貸してくれないか。」


　確かに、花森は新卒で入社した地方のホテルで図らずも経営改善の手伝いをしたことがある。ただ、あの時は一切責任をとる必要がなく、経営理論もまったく知らずに行き当りばったりにアイデアを繰り出したところ、たまたまうまくいっただけだ。その後、日々の業務の合間にホテル経営セミナーに出席し、経営コンサルタントの書いた書籍を読み、最低限の経営に関する知識を身に付け、いくつかの転職をし、ようやくこの都心の大型ホテルのマネジャー職にありつくことができた。しかし、これまでは目先の運営をこなすのが精一杯で、自分自身が経営改善計画を立案したり実行したりすることなどなかった。自分に何かできるのだろうか？　花森は今更ながら不安になった。入社面接のときはできるだけ良い印象を持ってもらいたくて、新卒ホテル社員時代のエピソードをちょっと盛った気もする。もしかすると財津はあの話を信じて自分を経営企画室長に任命したのかもしれない。これは、まずい。自分だけでは何もできない。ここはまず同僚の知恵を借りるところから始めよう。


「財津さん、お話はよくわかりました。よくわかりましたが、何から手を付けてよいか、よいアイデアがすぐには浮かびません。早速、経営企画室の人を集めて、作戦会議を開きたいと思います。人事異動発令前ですが、よろしいですよね？」

「花森君、申し訳ないが経営企画室は当面、君一人だ。知ってのとおり、うちのホテルはぎりぎりの人数で運営を回している。運営から何人か同時に外すなんて余裕、ないんだよ。わかってくれ。」

「しかし・・・」

「その代わり、各支配人には君に全面的に協力するよう要請するつもりだ。もっとも、このホテルがあと2年の命かもしれないことは当面伏せておく。社内に動揺が走るのは避けたいからね。君の秘書業務は財務の田辺さんが兼務するよう、頼んでおいた。ただ、彼女にも2年の件は内緒だ。」

秘書がつく役職は初めてだ。これはちょっと嬉しい。財務部長秘書兼財務部員の田辺ひまりは30代の中堅社員で、まだ若いのに「財務部の母」と呼ばれ、細かい経理規則を何でも知っていて頼りにされている。ずっと経理・財務畑を歩んできたため、これまで花森との業務上の接点は多くはなかったが、期日の過ぎた経費精算を何度か頼み込んだことがある。意外と柔軟性もあるようだ。彼女なら面倒な管理業務をきっとうまく片付けてくれるだろう。いや、それより、部下もいない状態で利益向上策を検討し実行しなければならないことが問題だ。花森は食い下がる。

「ご配慮ありがとうございます。でも、浅学の私だけでは荷が重過ぎます。どんな若手でもよいので、せめて一人は部下に回していただけませんか？ 計数の分析とか、書類の整理とか、任せられそうな若手を。」

「わかった。どの支配人も人手を出したがらないんだけれど、何とかしよう。それと、私も少し豊島社長とやりあってね。財務的な支援を打ち切るのは仕方ないとしても、子会社のホテルメガロポリスが倒産でもしたら親会社の信用にも関わる。改装資金は出さないとしても、向こう2年間、最低限の資金繰りの面倒を見てもらうことは約束してもらった。もうひとつ、ホテルコンサルタントを雇用する予算も獲得してきた。」

「予算はどのくらいですか?」

「それが、あのとおり、社長はけちでね。月50万円、1年分。それ以上は出さないそうだ。」

ということは年間6百万円でこのピンチを救ってくれるコンサルタントをみつけなければならない、ということか。高いのか、安いのか、よくわからないが、マネジャークラス一人分の年俸ということは、大したアドバイザーは雇えないだろう。いないよりはましだが、この危機的状況を救ってくれるスーパーコンサルタントの雇用は望めそうもない。

「財津さん、わかりました。与えられた条件の下で最大の結果を出すのが社員の務めです。精一杯がんばらせていただきます。」

そういって最敬礼し総支配人室を後にしたものの、何から手を付けてよいのか、花森には皆目見当もつかなかった。

＊　＊　＊　＊　＊

「さて、〝室長〟。お昼にでも行きますか？」

花森が経営企画室長に就任した初日であるこの日、各支配人に挨拶まわりを済ませ、新しいデスクで身の回りのものを整理していたら、あっという間に午前中が過ぎた。田辺が気をきかせ、他の財務部の人たちと社員食堂にランチを食べに行くのを誘ってくれた。〝室長〟はやや冷やかし気味に聞こえたが、悪くない響きだ。

「誘ってくれてありがとう。でも、今日は別件があるんだ。バックオフィス（非接客部門のことをホテルではこう呼ぶ）の人たちはシフトがないからみんなで一緒にランチに行けるんだね。なんか新鮮だ。明日はぜひ、ご一緒させてよ。」

地下一階のバックオフィスを後にし、花森は昨日までの職場、オールデイダイニング「ウエストゲート」に向かった。ランチタイムで混み合い始めてきた入口付近で、森本玲奈が待っていてくれた。予め、テイクアウトの特製かつサンドを頼んでおいたのだ。

「花森さん、珍しいですね。テイクアウト注文するなんて。これからお花見ですか？」

森本は相変わらずテキパキと会計を済ませ、かつサンド2人前とホットコーヒー2つが入ったホテルの紙袋を渡してくれた。

「そんな楽しい話じゃないよ。これから野暮用で大学教授に会いに行くんだ。」

「へぇ、難しそうな話ですね。でも、せっかくですから、かつサンドを食べるときくらいはゆっくり味わってくださいね。」

「うん、そうするよ。ありがとう。」

ホテルから辻田健太郎准教授が勤める立身大学までは歩いて10分。経営企画室長の話が来た時に、花森が真っ先に思いついたが辻田のことだった。高名なホテルコンサルタントを雇うのはお金がかかるが、大学教授なら格安で相談に乗ってくれるのではないかという、淡い期待もあった。辻田は経営学が専門だと言っていたが、インターネットで検索したところ、なんとホテル経営学が専門と書いてあった。経歴も風変りで、以前は不動産会社に勤務し、そこからアメリカに社費留学しMBAを取得、その後その不動産会社は倒産し、紆余曲折を経て大学教員をやっているらしい。実務家あがりの先生であれば、今回の話にうってつけの人材だ。辻田は新学期でバタバタしていて2週間後なら会えると言ってきたのだが、花森はそんなに待てない、と、何とか今日のランチタイムに初回相談の時間を確保してもらったのだ。ホテルの特製かつサンド付きというところに惹かれたらしく、辻田も快諾してくれた。

立身大学の池袋キャンパスは都心にありながら、レンガ造りの建物にツタが絡まる本館を中心にいくつかの建物が立ち並び、小さいながらも趣のある造りとなっている。辻田の研究室は比較的新しい建物の9階、長い廊下のつき当りにあった。

「先生、本日はお時間をいただいて本当にありがとうございます。」

「よく来たね。まあ、座って。」

研究室はもう一人の教授との相部屋になっており、教授の書斎スペースとは別に学生面談用と思われる簡素な椅子と机が置いてある。なんだか、刑事ドラマの取調室みたいだ。花森はさっそく、その机のうえに紙袋からかつサンドを取り出し、付け合わせのフライドポテト、紙ナプキン、それにコーヒーをセットした。取調室が少し華やいだ。それと、辻田がリクエストした、ホテルの前期決算報告書のコピーも添えた。

第38期 決算報告書 (単位：百万円)	
売上高	8,218
売上原価	1,267
労務費	2,251
支払手数料	740
一般管理費	357
営業費	164
修繕費	288
水光熱費	411
役員報酬	50
賃料	1,500
償却資産税	38
火災保険料	1
減価償却費	268
その他経費	1,036
営業利益	-154
支払金利	30
経常利益	-184

財務部長の近藤からは「社外秘だぞ」と念を押されて入手したものだが、辻田はホテルのコンサルタントなんだから問題ないだろう。辻田がサンドイッチを食べ始めるやいなや、花森は自分の置かれた状況をかいつまんで説明した。本当は自分も一緒にかつサンドを食べたいのだが、辻田から

与えられた時間は45分、できるだけ有効に使いたかった。辻田がすごい勢いでかつサンドを平らげ、コーヒーを一気飲みするころには花森の概要説明は終わっていた。デザートがわりに決算報告書を眺めながら、辻田が言った。

「なるほど、営業費用における固定賃料の割合が高い。減価償却費を繰り戻してみてもほとんど儲かっていない。つまり、資金繰り的にも結構厳しい状況のようだな。総売上高82億円に対して賃料は15億円、対売上高で約18％。ＧＯＰ（営業利益から役員報酬、償却資産税、火災保険料、減価償却費などを除いたホテル営業粗利益）が概算で17億円だから、賃料ペイアウトレシオは88％。ほとんど、賃料を払うためにホテル経営をしているという状態だね。残りの2億円から役員報酬と内装更新投資資金を捻出してるけど、儲かってもいないのに役員報酬は定額で50百万円もらうなんて、いったいどんな役員達なの？」

辻田は決算報告書を見ながら電卓をたたき、財務諸表の脇に計算結果を書き込みながら上目遣いに花森に訊く。

「うちはオーナー企業なので、親会社・豊島興産の豊島社長だけが役員報酬をもらっています。総支配人以下は従業員兼務です。」

「豊島さん、かぁ。」

「辻田先生、社長をご存知なのですか？」

「いや、親しいわけではないんだけど、不動産会社勤務時代に何度かお会いしたことがある。豊島さん、ホテルのこと、あまりわかっていないでしょ？」

「お恥ずかしい話なのですが、私のような立場では社長にお目にかかってお話をする機会があまりなく、正直、よく存じ上げません。」

「そう。まあ、それはそれで結構。いずれ豊島社長には直接話をしなければならない局面もあるだろう。さて、花森君はこのホテルメガロポリスの収益改善と賃貸借契約更新という2つの課題を一年以内に達成しないといけない、というわけだね。」

「いえ、先生。契約更改期は再来年です。」

「花森君、通常、長期の賃貸借契約更新は契約満了日の半年から一年前には更新通知を出すことになっている。契約書をきちんと確認した方がいいよ。」

「えっ、そうなんですか。さっそくホテルに戻って確認するようにします。」

「で、そんな頼りない経営企画室長が僕をコンサルタントとして雇いたいと。」

「はい。ただ、予算があまり潤沢でなくて・・・。正直に申し上げます。当社の予算は6百万円です。これでお引き受けいただけないでしょうか？ 先生がお忙しければ、他にどなたかこの予算でお引き受けいただける先を紹介していただけると助かるのですが・・・」

「その質問に答える前に、もうひとつ確認しておきたいことがある。その6百万円の予算には、ホテルコンサルタント以外の専門家雇用費用、例えば、弁護士やエンジニアリング会社の雇用費用は含まれている？ 賃貸借契約の交渉となれば、ある程度弁護士と協議しなければならないし、契約更改にあたっての長期更新投資計画策定には、エンジニアリング会社の支援が必要になるかもしれない。」

「えっ、あっ。そ、そうですね。そ、そういうことになりそうです。すみません、ホテルに帰って確認します。」

「花森君、本件、僕がお手伝いするかしないかに関わらず、ひとつ忠告しておこう。君は、ホテルの存亡をかけたプロジェクトのプロジェクトリーダーだ。君自身が全ての分野に精通している必要はないが、君がプロジェクトの指揮官、コントロールタワーにならないといけない。全ての分野の工程が見えてなければいけないし、時間軸の管理も必要だ。一般に、プロジェクトを管理・運営することをプロジェクトマネジメントと呼ぶ。真のマネジャーは有能なプロジェクトマネジャーでなくてはならない。プロジェクトマネジメントをきちんと行なうには、まず、次の3つを実践することが必要だ。

①誰が何をいつまでにしなければならないかを明確にしたタイムライン、いわゆるプロジェクト管理表を作成する。

②専門家が必要な分野をあぶり出し、その分野の専門家を予め確保しておく。

そして

③専門家雇用費用を含め、プロジェクト遂行に必要な費用を見積り、予め予算を手当しておく。

これはどんなプロジェクトマネジメントをするときでも必要な最初のステップだ。今日の会話の中でこの3点に関するヒントがいくつも出たはずだ。プロジェクト管理表は最初から完璧なものを作る必要はない。最初はスカスカのものでいい。徐々に拡充したり修正したりしていくといい。専用ソフトウエアもあるが、今回のようなプロジェクトならエクセルファイルで十分だろう。」

花森は必死でメモをとりながら、考えが甘かったことを反省した。辻田を巻き込めば何とかなる、少なくとも、収益改善に関して何をどうしから良いかのヒントがもらえる、それを持ち帰ればプロジェクトが何とかスタートする、と思っていた。でも、辻田の言う通り、まずスタートラインに立つための準備が必要だ。自分はプロジェクト全体を見渡す「鳥の目」を持っていなければならない、ということのようだ。

「花森君、君にプロジェクトリーダーとしての責任と自覚があるのなら、僕はこのプロジェクトに協力しよう。予算も限られているようだから、例えば、月30万円の1年分、ということでどうだろう。」

「先生、ありがとうございます。是非、それでお願いします。」

花森は辻田の気が変わらないうちにとにかくプロジェクトに引き込むことが大事とばかり、首を大きく縦に振って答えた。他の専門家雇用費用にいくらかかるのか知らないが、まずは辻田の確保だ。辻田は続ける。

「但し、条件がいくつかある。まず、本件に関して、僕は手を動かさない。経営指標を分析したり、収支予測を作ったり、契約書案文を作成したりするのは、あくまでも君自身だ。それと、僕が君に教えるのはあくまでもアカデミックなフレームワークであって、会社の現状を踏まえたうえでのコンサルティングやレポート作成そのものではない。社内説明のための分厚い資料を作るコンサルタントが必要であれば、他をあたった方がいい。ただ、君も気づいているだろうが、コンサルタントがどんなに分厚い資料を作ろうが、君がどんな高名なアドバイザーのセミナーに出席しようが、君自身がフレームワークを理解し解決策を実行しなければ、ホテルの収益は改善しない。それと、『おもてなし至上主義』とは決別してほしい。どんなにおもてなしが優れていても、カネにならなければそれはただのコストだ。誤解を避けるために説明すると、『おもてなし』が不要だと言っているわけではない。だけど、『おもてなし』だけで差別化し客を呼べるほど甘くない、ということだ。君のスマートフォンには高品質のカメラがついているね。多くの場合、そのカメラの解像度が高いからといって、その機種を選ぶわけじゃない。だけど、ある程度の高性能のカメラは欲しい。『おもてなし』はスマホのカメラみたいなもんだ。ないと困るけど、それだけでは差別化要因になりにくい。」

「承知しました。先生、いろいろとありがとうございます。今日いただいた宿題をできるだけ早く片付けて、また近々にご連絡をさせていただきます。最後にひとつお伺いしたいのですが、うちのホテルは稼働率が85%とまずまずの業績を残しているると思いますし、他のホテルだって似たような業績ではないかと思います。何故、うちのホテルだけがこのような窮地に立たされ、他のホテルは生き延びているのでしょう？」

辻田は少し笑い、花森の問いには直接答えず、こう言った。

「それと最後に、引き受ける条件をもうひとつ。僕は今日のように空き時間を使ってこのプロジェクトに参加する。君は僕の隙間時間に合わせてミーティングをセットするようにしてくれ。そして、その隙間の時間が終わったら、ミーティングも終わりだ。あとはメールでフォローアップ、ということにしよう。稼働率の件は、次回に。」

辻田が花森に腕時計を見せた。花森が研究室のドアをノックしてから、ちょうど45分が経過していた。目の前には、花森の分の干からびかけたホテル特製かつサンドと冷えたコーヒーが残されていた。

第二章

腐りやすい在庫

「5月病」という病が毎年どのくらい流行しているのか知らないが、立身大学池袋キャンパス内には学生が溢れていた。学生が方向感なく歩き回るキャンパスの中心あたりに、そのコーヒーショップはあった。いわゆるシアトル系といわれる高級コーヒーチェーン店である。図書館に併設されており、本格的なエスプレッソやラテも提供されている。内装のグレードも提供価格もキャンパスの外の店舗と同じ。花森は辻田の到着を待ちながら考える。自分が大学生の頃は大学生活協同組合の運営する学生食堂でできるだけ安い定食を食べ、自動販売機で安いけど恐ろしくまずいコーヒーを買って飲んでいた。今の学生の生活水準は高いんだな、と思う。そういえば、今回辻田との縁を結ぶまでは、卒業以来キャンパスと言われるところに足を踏み入れることはなかった。最近は社会人向けの講座も充実しているらしい。職場から歩いてすぐのところにこんな大学があるのは恵まれている。今度、どんな講座があるのか、調べてみよう。

4月の初回ミーティングのあと、花森はホテルに戻っていくつかの宿題を片付けた。プロジェクト管理表はまだスカスカで、何をどうしていいかわからない状態だが、とにかくこのプロジェクトに誰が主体的に参加するのかを書き出した。法務に関してはホテルの顧問弁護士である大手弁護士事務所・中島小野常石法律事務所の中田先生が相談に乗ってくれることになった。何やら、ホテルや不動産の契約の大家らしい。そして、その費用はホテルの運営予算でカバーしてくれる、というのが財津の説明だった。これで少なくとも弁護士費用の心配はない。花森は少し安心した。

「待たせたね。ウェブ会議は途中で抜けるタイミングが難しくて・・・。」

経営学部特任准教授の辻田が、遅刻にしては悠々と歩きながら花森に近づいて来た。左手にはノートパソコン用のソフトケースを持っている。今日はＰＣを使った、少し込み入った話をするのだろうか。キャンパスで大学教授とＰＣを挟んでホテル経営改善策の談義　花森はそのシチュエーションにちょっとうれしくなった。

「いえ、先生、ほんの5分の遅刻です。でも、今日は1時間くださることになってますから、このミーティングの終了時間は午後5時5分、ってことで良いですよね？」

「了解。なんだ、君、結構交渉上手じゃないか。」

辻田は少し嬉しそうに言う。

「そんなことないです。ただ、先生のお力を借りないとうまく前に進めないので、時間を無駄にしたくないんですよ。」

「そうか。では、コーヒーを買う時間をその中に含めてしまって申し訳ない。でも、前回の君の質問、稼働率が高いのに何故儲からないか、については、コーヒーショップのビジネスモデルとの比較で説明できる。コーヒーを買いながら話そう。」

店員に向かい、「あ、僕はキャラメルラテをトールサイズで。」と言いながら、辻田はズボンのポケットの財布を探っている。

「普段は甘いコーヒーは買わないんだが、今日は何だか脳に糖分の補給が必要だ。花森君はどうする？今日は僕が奢ろう。」

「ありがとうございます。では、私はカフェアメリカーノをトールで」

と花森は自分のドリングオーダーをした。本当は自分もラテを注文したかったのだが、格安で相談に乗ってもらっている辻田の奢りで高いコーヒーをオーダーするのは何だか気が引けた。

「さて、ホテル客室部門のビジネスと、このコーヒーショップのビジネスでは、類似点がたくさんある。だけど、決定的に異なることもある。なんだと思う？」

「ここはフランチャイズだけど、うちのホテルは直営です。」

「それもそうかもしれない。でも、僕が訊いているのは、『稼働率』に関係することだ。」

「えっ、何だろう。コーヒーは一日2回でも3回でも買うことができるけど、ホテルの宿泊は1日1回、ってことですか？」

「うん、いい視点だ。半分正解、ってところかな。さて、今日は天気もいいし、話の続きは店内じゃなくて、キャンパスのベンチでもいいかい？」

「もちろんです。」


あれ、ノートパソコンを広げるなら店内のデスクがあった方が都合がよさそうなのに。まあ、いいや。二人はコーヒーを受け取り、キャンパス内を歩き出した。図書館から歩いて数分のところに大きな中庭があり、その一角にある藤棚がちょうど満開を迎えていた。その藤棚をくぐった先には創学の頃から建っていそうな古風な建物があり、それが学生食堂棟とのことだった。学食前のオープンエアエリアにはテーブルとチェアのセットがいくつも置いてあり、天気の良い日はそこでランチを食べることもできるようになっているようだ。辻田はそのひとつに陣取った。初夏の爽やかな風が吹いており、気持ちのよい午後である。

「さて、ホテル客室部門とコーヒーショップの違いだが、ホテルの稼働率はどうがんばっても100％にしかならない。もちろん、客室を昼間だけ貸す『デイユース』という方法もあるが、君のホテルではデイユースをやっていないよね？」

「はい。場所柄ラブホテルに使う人がいるかもしれないということで、GMの方針でデイユースはやってません。」

「うん。一方、コーヒーショップは店内の座席は一日何回転するだろう？」

「そうですね。朝昼晩で3～4回転はしてるんじゃないでしょうか？」

「そう。コーヒーショップの座席稼働率は300％にも400％にもなる可能性がある。更に、店内がいっぱいでもテイクアウトで売ることもできる。テイクアウトを行なうコーヒーショップにとって、店内座席数というリソース（資源）の制限は売上極大化の制約としてはそれほど強いものではない、ということになる。でも、ホテル客室は違う。残念ながら、稼働率100％以上で売ることは難しい。だから、一部屋、一部屋をできるだけ高く販売しなければならない。」

「それはわかります。でも、今夜チェックインしてもらえなかった部屋は今日の売上になりません。空にしておくくらいだったらディスカウントして売ってしまった方がよくないですか？　実際、うちのホテルでは午後6時を過ぎたらシングルルームのインターネット販売価格を下げ、当日予約を取り込む努力をしています。それで稼働率を稼いでいる、というのが、うちの客室支配人の説明でした。」

「なるほど。今の説明はホテル客室ビジネスの本質をついているね。すなわち、空き部屋で深夜を過ぎるとその部屋は売り損ねたことになる。言ってみれば、一日で腐ってしまう魚を毎日仕入れて販売している魚屋のようなものだ。しかもその魚を保存しておく冷蔵ケースの容量は決まっていて、仕入れを容易に増やすことができない。客室数もそうだね？　だから売れ残るくらいなら、タイムサービスで安く売ると。そう、ホテル客室ビジネスは『腐りやすい在庫』を抱えた商売なんだ。これは、今日売れなかったものは在庫として抱えておき明日売れればいいという、メーカーモデル、例えばユニクロやパナソニックのようなビジネスモデルとは決定的に異なる。」

ここで辻田はキャラメルラテを飲み干し、紙のカップを捨てるゴミ箱を探したが、近くには見つからなかった。花森が捨ててきましょうか？　と申し出たが、辻田は首を横に振り、時折吹く風で飛ばされないようにカップを持ちながら話を続けた。

「そもそもホテル客室部門の一日当りの売上は、客室単価×稼働率×客室数、だ。このうち、客室数は固定されている。客室単価を安くして稼働率を上げるのは簡単だし、客室単価を相場より高く設定すれば、稼働率が落ち込む。その掛け算の結果を最大化する、客室単価と稼働率の組み合わせを見つけなければならない。稼働率だけを議論しても意味がないことはわかるね？」

「はあ。でも、当日余っている部屋を売らなければその部屋の売上はゼロです。ディスカウントは正しい選択じゃないでしょうか？」

「うん。当日までに適性価格で売ることができなかった結果としては致し方ない。でも、もっと前にいい価格で販売できたかもしれないのに、その努力を怠ったツケを当日払わせられているともいえる。例えば、一日で腐るイワシを仕入れる魚屋が当日イワシを仕入れたいレストランや個人の家を予め特定して販売しておくことができれば、閉店直前にたたき売りをしなくて済む。いずれにせよ、ホテル客室部門の経営指標には、客室単価×稼働率、RevPAR（レブパー、Revenue Per Available Room）を使う、ということをまず頭に入れておいてくれ。稼働率じゃない。」

「はい。確か、レベニューマネジメントというホテル客室売上を極大化するマネジメント手法でもレブパーの極大化を目指す、と何かの記事に書いてあった気がします。」

「ああ、レベニューマネジメントの記事を読んだことがあるなら話は早い。適切なレベニューマネジメントを行なうことで売上が数%上がる、という報告もある。たかが数%と言うなかれ。コストの上昇を伴わない売上の上昇はそのまま利益の増加につながる。増益効果は絶大だ。ということで、適切なレベニューマネジメントとは・・・。」

「ちょっと待ってください。記事は読むには読みましたが、きちんと理解したかは別の話です。正直、自信がないです。」

「なるほど、正直でよろしい・・・。勘違いをしている人も少なくないが、レベニューマネジメントの本質は、『客室をできるだけ高い価格で買ってもらう。』ことだ。『空いている部屋をディスカウントで売って埋める』ことではない。このレベニューマネジメントの概念は元々エアライン業界で発達し、やがてホテル業界に入ってきた。同じ便・同じ座席でもエアライン業界では予約するタイミングで何倍もの価格差があるよね？　レベニューマネジメント反対論者は『同じ部屋・同じサービスなのに価格変動をさせるのは客にとって失礼だ』というが、エアラインの価格変動は容認されている。需要量と供給量のバランスで価格が決まることは、おかしなことではないんだ。」

花森はうなずく。実家は兵庫県北部にあり、東京からは新幹線で帰るよりも羽田空港から伊丹空港まで飛行機で飛び、そこからバスで帰った方が早い。帰省のときは如何に安い航空券をゲットするかに執念を燃やす。

「さて、花森君のホテルは稼働率を重視し過ぎて『できるだけ高い価格で買ってもらう』ことに失敗していないだろうか?」

「すみません、訊かれている意味がよくわかりません。」

「OK、では質問を変えよう。ホテルメガ・・・、いや、君のホテルは年に何日稼働率が100%もしくはそれに近い稼働率になっているだろうか? 年間稼働率が85%ということは、年に数十日が『ほぼ満室』でもおかしくない。」

辻田はまわりに学生が座っていることを気にして、具体的なホテル名を挙げることを避けながら会話を続けた。花森は辻田から予めいくつかの経営資料を持参するように言われていた。本当は自前のiPadにpdfファイルを保存してきたかったのだが、ホテルの日々の売上を示す日計表は不整形で枚数が膨大なためpdf化をあきらめ、財務部に保管されているハードコピーのドッジファイルをそのままもってきていた。財津ＧＭが日ごろから主張している、「すべての情報を電子化し管理・活用する」という理想からはまだだいぶ遠い。財務部に帰属するコピー機4台のうち2台はｐｄｆファイルを作る機能を有してはいるが、８００室の巨艦ホテル経営によって日々生み出される書類をすべてｐｄｆ化するにはとても追いつく能力ではない。社外秘の資料をキャンパスの中庭で広げるというのは如何なものかという気もするが、利益そのものに関する情報ではないし、覗き込む人もいない。ホテル名を挙げて会話するのでなければ、まあ、いいか。

「うちのホテルは客室数以上の予約をとる、いわゆるオーバーブッキングポリシーを採用していません。そして、当日キャンセルや、予約してもチェックインしない、いわゆるノーショウもけっこうありますので、稼働率が１００％になることはめったにありません。全８１６室中８００室以上埋まっている状態、即ち稼働率が98％以上を超えた日のことをうちでは『実質満室日』と呼んでいますが、この日が、えっと、昨年度は27日もあります。凄いですね。」

「それが、ちっとも凄くないんだ。満室、ということは、本当はもっと高い価格で客室を販売できたかもしれないのに、低い価格で売ってしまった結果、と見ることができる。もちろん、日によっては本当に需要が多くて満室になる日もあるだろう。でも、多くの場合、安売りをし過ぎて稼働率が高くなっている。だから、実質満室日の販売価格はもう一度見直す必要がある。魚屋なら需要量を見据えてイワシの仕入れを調整しておくことができるが、ホテルはそうはいかない。一定量の在庫の単価を高く売る意識が必要なんだ。例えば、インターネットでの当日予約販売価格は本来もう少し高くすべきだったはずだし、そもそもその日の宿泊需要予測が間違っていたから直前まで売れ残っている部屋が多かったのかもしれない。宿泊需要、と一言でいうと簡単だが、その日の宿泊需要は、例えば1万5000円で宿泊する需要は100部屋で、1万2000円で宿泊する需要は300部屋、というように予算別に把握していなければならない。実際には顧客の宿泊予算別に需要数を把握するのは難しいから、販売チャンネル別、販売商品別、といった別のラベルで管理するのも一考だ。」

「問題が少しだけ、わかってきました。その日の1万5000円での宿泊需要が100室分あるとわかっているのに、その在庫を1万2000円で売ってはいけない、と。」

「その通り。高単価の宿泊需要が少ないとわかっている日は、君のホテルが得意としているインターネットによる当日ディスカウント販売をしても構わない。但し、そのようなディスカウント販売はOTA（じゃらんや楽天トラベル、Booking.comなどのオンライン旅行代理店、Online Travel Agentのことを指す）ではなく、できるだけ自社サイトに誘導すべきだ。」

「なぜ自社サイトなんですか？　客からするといちいちホテル直営サイトに飛んでから予約するより、ＯＴＡのサイトで比較しながらその場で予約できた方が便利ですよね。」

辻田は少し驚き、空の紙コップをテーブル上でくるくる回す手を止めて、花森を見た。

「えっ、そこ重要な点なんだけど、君のホテルは自社サイト誘導を社員に徹底していないのか？」

「えっ、そこ重要な点なんですか？」

しばしの沈黙の後、辻田は苦笑しながら解説を始めた。

「そうだよ。そこも君のホテルで至急改善すべき点だね。ＯＴＡは手数料を10％くらいとる。それが彼らの仕事だ。でも、客にとってお得な『宿泊日当日限定予約プラン』はできれば自社サイト限定で販売したい。ＯＴＡで１万１０００円の部屋を売ることと、自社サイトで９９００円で売ることとは、ホテルの収益にとっては同じことだ。わかるよね？　１万１０００円×10％＝１１００円がＯＴＡ手数料だ。」

「なるほど。旅行代理店手数料を加味した純売上高が肝心、ということですね。」

「その通り。もちろん、ＯＴＡ上で競合ホテルが１万円で販売しているのに自社だけ１万１０００円では集客しにくい。その場合はＯＴＡで１万円で販売し、そこで予約をしていただいて結構。ただ、その客がリピート客になるのであれば、次回からは自社サイトで予約をするように誘導するのが肝心だ。例えば、自社サイト予約者には缶ビールのひとつでもサービスでつけてあげるといい。」

「それは出張客にとってはうれしいサービスですね。だけど、うちのホテルでは経費削減が叫ばれており、缶ビール１本とはいえ、運営経費が嵩むアイデアは提案しにくいです。」


辻田は空の紙コップをみつめながらため息をつき、花森の残念な反応に反論する。


「それは違うよ。２回目もＯＴＡ経由で１万円で予約されるとホテルの純売上は９０００円だ。だけど、自社サイトでの予約なら手数料がかからないから１万円。そこから缶ビール代、１５０円を差し引いても９８５０円が純売上になる。」

「そうか、そういうことですね。ということは、代理店経由の予約を直予約に切り替える度に手数料分が儲かる、ってことですか！　なんだか、急に希望の光が見えてきました。」

「その通り。但し、すべての部屋を直予約で売り切ることなどできないし、８００室の大箱を抱える君のホテルは代理店との関係も良好に保つ必要がある。特に団体を送客してくれるリアルエージェント（ＯＴＡではなく、ＪＴＢや近畿日本ツーリストのような店舗を構える従来型の旅行代理店のこと）との関係は重要なはずだ。彼らとの共存も考えないと彼らが団体を送客してくれなくなるかもしれない。何事もバランスが大切だ。」

「ああ、うちが顧客を露骨に直販に誘導すると代理店が怒っちゃう、ってことですね。さもありなんです。」

「この『純売上高』という概念は他にも応用できる。例えば、1泊しかしない客と連泊する客では、連泊する客の方が利益率が高いとされる。何故だかわかるかい？」

「えっと、二人の客を探すより、一人の客を探すほうがコストが安いから、ですか？」

「それもあるかもしれない。だけど、大きな理由はチェックイン・チェックアウトにかかる人件費の違いだ。最近は連泊客に対して洗剤利用量削減による環境保護推進を支援してもらうためにシーツ交換辞退をお願いすることがあるが、それも結果的には運営費削減につながる。そういった削減コストの一部を顧客に還元する形で連泊プランを少し安く設定することも可能だ。」

「なるほど、なるほど。すみません。重要な点が多くて、ノートが取り切れません。ちょっと待ってください。」

花森は、ノートを見ながら必死に論点を書き留めている。辻田は一呼吸おき、花森の手が止まったことを確認してから、話を続ける。

「話が代理店手数料や連泊プランに飛んでしまったが、レベニューマネジメントに話を戻そう。過去の需要量や宿泊当日・翌日のイベントなどを見ながら需要予測を正確に行なうのがレベニューマネジメントの第一歩だ。例えば、君のホテルの横には東京芸術劇場がある。あの大ホールは2000人収容できる。宿泊需要を伴うような広域集客が見込める演目がある場合、君のホテルへの宿泊需要は高いはずだ。そんな日にディスカウント販売はしないよね?」

「それはそうですね。それでも強気の価格設定で部屋を余らせてしまうこともあるようなのですが・・・。」

「それは、大雑把に『隣の劇場で大規模イベントがあるから需要が増える』程度にしか考えていないからそうなるんじゃないかな。具体的にどのタイプの部屋が何部屋、いくらで売れたのか、過去の事例を分析することで、そのイベントによって発生する宿泊需要の全体像が見えてくるはずだ。

それがまさに需要予測の基礎資料になる。ただ、実務上、需要予測を行ないながら足元の予約状況をみて日々の価格設定を変動させていくのは手間がかかる。手動で行なうこともできるけれど、市販のレベニューマネジメントシステムを導入した方が手っ取り早いだろう。何しろ君のホテルはターミナル駅前で部屋数が８００もある。費用対効果分析は必要だが、導入効果は十分に見込めると思うよ。」

「はい。承知しました。先生、うちのホテルにはレベニューマネジャーという職種がないのですが、新しくポジションを作った方が良いですか？」

「もちろん。君のホテルの売上の４割以上を占める客室部門の価格戦略は大型投資を行なわずにホテル収益を改善するのに一番重要といってもいいだろう。ただ、システムを導入すれば何も考えなくていい、ということではない。世の中にはシステムを活用できていないホテルもたくさんある。システムはシステム、それを活用するチームのヘッドがレベニューマネジャーということだ。それと、もうひとつ力説しておきたいことがある。これまでの話を聞く限り、君のホテルでは意識されていないと思われる点だ。」

辻田は空の紙コップを、今度は音を立てて左手でつぶし始めた。ノートを取り続ける花森が何事かと頭をあげると、辻田は花森の目を見ながらいった。

「平均客室単価、いわゆるADR（＝Average Daily Rate）はあくまでもいろいろな部屋をいろいろな販売価格で売った結果の平均値でしかない。ADRを上げるには、販売価格を一律引き上げるのではなく、安く売っているセグメントや販売チャンネルの数を絞り、その分をより高く売っているセグメントや販売チャンネルで稼ぐ、という意識を持つといい。それには、客室部門とマーケティング部門の連携も重要になってくる。多少稼働率が下がっても気にしない。経営指標はあくまでもRevPARだ。」

「なるほど。レベニューマネジャーには結構専門的な知識が必要そうですから、最初はどこかのホテルで経験がある人を雇った方が良いかもしれませんね。」

「レベニューマネジメントシステムの会社は導入時にいろいろアドバイスしてくれるだろうけど、客室部門全体にレベニューマネジメントの意識を浸透させるという意味では経験者を採用して、その人に社内伝道師になってもらうのが良いかもしれないね。ということで、稼働率が高いことと収益性が高いことに特に関係がないことはわかっていただけたかな。よくホテル会社の事業報告書で『激化する競争環境の中にあって、客室単価下落は避けられませんでしたが、稼働率は何とか例年並を確保することができました。』みたいな説明を目にするけど、それは『セグメントミックスやプライシング、レベニューマネジメントをきちんとやらずに当日価格を下げて稼働率だけ何とか帳尻を合わせました。』といっているようなもんだ。」

「なんだか、うちのホテルの営業報告書のことを言っているみたいで、耳が痛いです。」

気が付くと、学食前のオープンエアエリアにたむろしていた学生たちはいなくなっていた。授業が始まったからなのか、早めの夕食を食べに学食内に入ってしまったのか。花森はホテルメガロポリスのオールデイダイニング「ウエストゲート」のアイドルタイムを思い出し、一人で苦笑いした。

「ところで、君のホテルではオーバーブッキングを取らないと言っていたね？　８００を超える客室を擁していたら、毎日数十件の直前キャンセルやノーショウが発生するだろう？　何故オーバーブッキングをとらないんだ？　今のままでは当日ディスカウントで販売しなければならない客室数が何十室も、継続的に発生する。」

「はい。経営陣のポリシーです。せっかくご予約をいただいてご来館されたお客様が、ホテル側の都合で宿泊できないということはあってはいけない、という理由だと聞いています。」

「確かにそういう大事な客もいるだろう。そういうリピート客やＶＩＰ客はホテルとして把握しているはずだし、そういう客の予約はできるだけ守るべきだと、僕も思う。しかし、大半の宿泊客は、単にＯＴＡのサイトをみて、自分の宿泊予算に照らして『お値打ち』だと思って予約をしてきているだけだ。そういった客に『誠に申し訳ございません。宿泊料は当館で持ちますのであちらのホテルでご宿泊いただけませんか？』といって、ちょっと良いホテルを案内してもそれほど大きな問題にはならないと思わないかい？　この、オーバーブッキングであぶれて別のホテルに案内することを業界用語でウォーク Walk という。」

「そうですねぇ。ただ、うちのホテルの場合、池袋で唯一の大型シティホテルなので、同等のホテルに移ってもらうっていうのが無理なんですよ。」

「だったら、タクシー代もつけて新宿まで送ってしまってもいい。」

「そんなことしたら、大赤字ですよね？」

「本当にそうだろうか？　調べてみる必要があるね。まず、収益向上のためにオーバーブッキングポリシーをきちんと運用するには、需要予測が重要だ。」

「また、需要予測、ですか。」

「そう。もし仮に需要予測がものすごく正確で、今夜20室の直前キャンセルもしくはノーショウがあるとわかっていたら、君ならどうする？」

「そりゃもちろん、事前に20室多く予約をとるようにしますよ。」

「そうだね、では、確率50％で20室がノーショウとなり、確率50％で10室がノーショウとなることがわかっていたら、どうする？」

「難しいですね。でも、とりあえず、10室余計に予約を取っておけばいいんじゃないですか？仮に20室ノーショウとなっても、空室リスクは10室で済みます。」

「うん、最適化はされていないが、それでも10室分の空室、もしくは当日の大幅な割引価格での販売による逸失売上を阻止することができる。まず、需要予測の重要性はわかってくれたね？」

「はい。ですが、予測は外れることがあります。10室分余計に予約をとっておいて、ノーショウや当日キャンセルが5室しかなかったら、5室分はタクシー代と別のホテルの宿泊代をうちのホテルが負担することになります。それは、やはり大きなリスクです。」

「なるほど。でも予測が当たらないということは逆に振れることもある、ということだよ。10室分オーバーブッキングして、当日のキャンセルもしくはノーショウが15室かもしれない。もちろん、当日割引価格でインターネットで売ることはできるかもしれないけど、正式なキャンセル連絡がないノーショウの場合、その部屋を売りに出すわけにはいかない。また、当日キャンセル分が直前販売でうまく埋め切れるとも限らない。」

「でも、オーバーブッキングしなければタクシー代や別のホテルの宿泊代の『持ち出し』にはならないですよね？　その方がよくないですか？」

「その考え方は間違っている。」

そこまで言って、辻田はやおら立ち上がった。

「やっぱり、紙コップを捨ててきたいな。君のも捨ててきてあげるよ。ついでにちょっとトイレに行ってくる。このトイレタイムは、1時間のミーティング時間から除外してあげるから、ご心配なく。」

辻田はそういうと、学食棟の中へ消えていった。花森は考える。何故、自分の考えは間違っているのだろう。手元のノートに簡単な図を書いてみる。まず、簡素化のために部屋数は100室にしよう。オーバーブッキングはOB、ノーショウはNS、お客様に他のホテルに移ってもらうことを

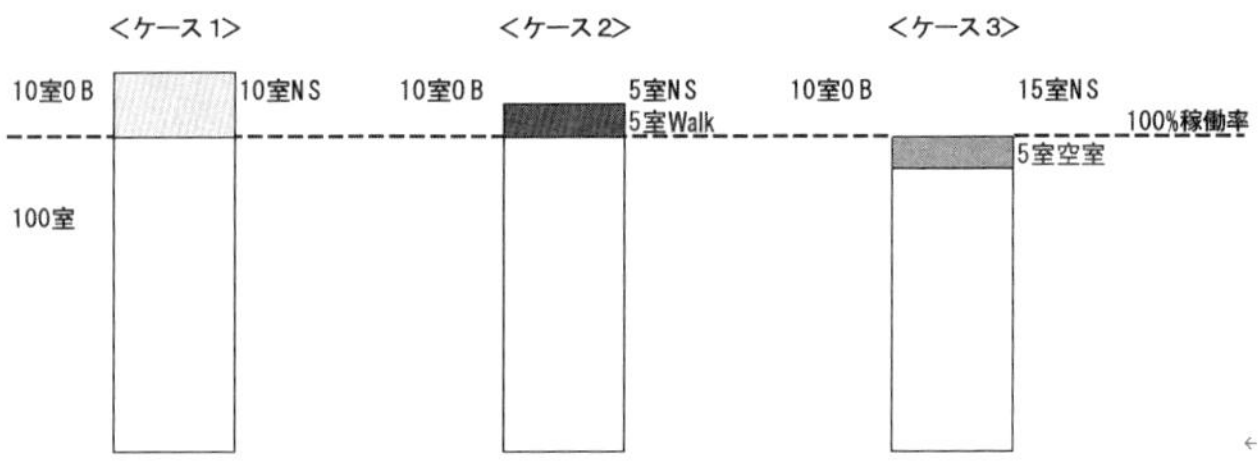

Walkという。ケース1はOB＝NSのケース。なんの問題もない。ケース2はOB∨NS、5室分のWalkが発生する。ケース3はOB∧NS、空室が発生する。図に書くとこんな感じだ（下図）。

自分で書いた図をみて、花森は合点がいった。ケース2では満室稼働をしているのに対し、ケース3では5室分の空室がある。すなわち、ケース2の方がホテルの売上が5部屋分多い。ケース3における5室分の逸失売上は、仮に一部屋1万5000円で売るとして、1万5000円×5＝7万5000円だ。でも、ケース2では、Walkさせるホテルにこの同額を払ううえ、タクシー代まで出さなければならない。やはり、ケース2の方がタクシー代分だけ損するのではないか？

花森が悩んでいるところに、辻田が戻ってきた。


「先生、ここまで考えました。私の書いた図を見てください。」

「素晴らしい。わからないことを図に書いて整理するというのは、とても大切なことだ。少なくとも、何がわからないのかが、わかってくる。君は『筋』がいい。で、さっき私が言ったことは理解できたかな？」

「いえ、残念ながら。ケース1が理想的で10室オーバーブッキングで10室当日キャンセルもしくはノーショウ。100％満室稼働です。次に、まずケース3をみると、5部屋売れ残ってしまっています。ケース2では5部屋分オーバーブッキングしているので、満室稼働ではあるものの、Walkさせるホテルの部屋代負担に加えて、タクシー代も払います。従って、ケース3よりも収益が低いことになります。やはり、オーバーブッキングは費用負担リスクが高いということではないですか？」

「いや、そうではない。このケース1、2、3は、それぞれどのくらいの確率で発生すると思うかい？」

「それはわからないですね。例の『需要予測』の正確性次第ですから。」

「そのとおり。では、仮に、それぞれ、⅓の確率で起こるとしよう。変数が多いとわかりにくくなるから、ここでは客室単価は一定だと仮定する。そうすることで、高稼働率＝高売上高、ということになる。それから、ケース2では君が言う通り、ホテルの純売上はケース3より低い。タクシー代がかかるからね。そのコストを稼働率に反映させるとして、ケース1の稼働率は１００％、ケース2は93％、ケース3は95％、としよう。それぞれのケースの発生確率は⅓だから、このホテルの予想稼働率は１００％×⅓＋93％×⅓＋95％×⅓、すなわち96％、になる。」

「そうか。オーバーブッキングポリシー導入前はそれぞれ当日に発生する空室率が10％、17％、15％だったから、90％×⅓＋83％×⅓＋85％×⅓で、86％、当たり前ですけど、予想稼働率は低くなりますね。」

「もちろん、その低い稼働率を前提に当日予約限定プランを売り出してもよいけど、一般的にはオーバーブッキングで受けていた予約よりも単価は下がるし、全て売り切れるかどうかわからない。」

「先生。過去の需要がどうだったかの分析、そしてチェックイン日の需要量がどうなりそうかの予測をすることが、こんなに重要だとは知りませんでした。オーバーブッキングのケースでは需要予測が正確なほど、ウォークや空室のコストを負担しなくて済みます。これまで、うちのホテルの値付けは、他のホテルがいくらで売っているかの分析だけで判断していたようなのですが、それだけではだめだ、ということですね。」

「誤解して欲しくないんだけど、他のホテルの値付けももちろん重要な要素のひとつだ。そして、君のホテルが仮に特徴のないビジネスホテルで、競合ホテルとは価格だけで競争しているというのであれば、競合ホテルの価格付けの重要性は極めて高くなる。その場合、君のホテルはマーケティング用語で『コモディティ』と呼ばれる。『日用品』という意味だ。君はコンビニでペットボトルのお茶を買うとき、価格で選ぶ？　それともブランド？」

「私はあまり味に拘りがないので、コンビニのプライベートブランドを買いますね。一番安いし。」

「そう、それがコモディティ化だ。各社ともお茶の味の向上に努めてはいるだろうが、消費者は価格だけで判断する。何故かというと、どのブランドも味はほぼ同質だ、と見られているからだ。そうすると、価格競争に陥る。ビジネスホテルの場合、差別化がしにくい業態なので、どうしてもコモディティ化しやすくなる。でも、君のホテルは違う。フルサービスホテルとして、また巨大ターミナル駅前立地のホテルとして、どんな差別化ができるのかを考えながら販売プランを考えるべきなんだ。」

「ありがとうございます。ご指摘の点はよくわかりました。最初は稼働率の話をしていたのに、なんだか、最後はマーケティングの話になってしまいましたね。」

「そう。それがリアルワールド、現実の世界だ。大学の科目みたいに、これは財務問題、これはマーケティング問題、みたいにきっちり分かれているわけではない。さて、もう時間だ。」

辻田は立ち上がった。花森はあわてて腕時計を見る。17:12。5分の遅刻と7分のトイレタイム、ということか。

「先生、今日もありがとうございました。新しく教えていただいたことが山盛りで、頭のメモリがパンクしそうです。」

「そうか。実は僕のノートパソコンもハードディスクのメモリが限界に近づいていてね。これから駅前のNOZAMAカメラに持っていってハードディスクをアップグレードしてもらうところだ。大学から歩いていけるところにああいう店舗があるのは便利だよね。」

どうやら、辻田が持ってきたパソコンは花森のためではなかったようだ。

第三章

お客さまは神様とは限らない

まだ梅雨が始まったわけではなさそうだが、このところ雨の降る日が多い。雨が降るとレストラン「ウエストゲート」のウォークイン客（予約をしないで館外から来る客）は減るのだろうか？それとも、館内の宿泊客が外に行くのが面倒になって館内で食事をすることが増えるのだろうか？今や通学路と化したホテルから大学までの道のりを傘を差しながら歩き、花森は考えている。

先月、辻田准教授からレクチャーを受けた「需要予測」の重要性というテーマは、その後いつも花森の頭の片隅に渦巻いていた。客室部では直ちに客室単価設定方法の見直し、自社サイトへの誘導策検討、レベニューマネジャーのリクルーティング、オーバーブッキングポリシーの導入可否検討（これは導入への否定的な意見が多く、まだ導入決定には至っていない）、といったサブプロジェクトが動き出した。GM主導で組織された収益改善策を議論するためのホテル活性化委員会では以前、委員会自体の活性化が必要かと思うほど、具体的な改善案の提案や活発な議論に欠けていた。ところが、花森が辻田の助言を持ち込んだところ、「それはうちじゃ無理。」「でも、これならできる。」「ここはこうした方がいい。」と良くも悪くも議論が活発になり、やがてサブプロジェクトがいくつも立ち上がった。経営企画室長として、こんなにうれしいことはない。ただ、議論が活発化したのは客室部門だけ。古巣の「ウェストゲート」を含む料飲部門は未だ不振のままで、改善策すら俎上に乗ってこない。例えば、雨の日にはウォークイン客が減少するという相関関係がはっきりすれば、雨の日限定でランチにデザートをつける、といったアイデアも考えられるのだが。あとで料飲支配人の村上修造に相談してみよう。村上は若いころイケメンバーテンダーとして雑誌に取り上げられたことがあり、ルックスだけかと思いきや数字にも強い。彼の監督下にある5つの料飲施設の売上状況はいつも彼の頭に入っている。村上は花森と同世代だが、花森は村上がホテル経営陣の中で一番経営のセンスを持っていると考えている。

辻田の研究室に着くと時間は午後0時50分。約束の時間は午後1時だが、今日は少し早めに始めて時間を長くもらおう。花森はそう思い、研究室のドアに近づいた。室内には既に来客がいるようで話し声が聞こえてくる。聞いたことがある声・・・、財津GMだ。慌ててドアをノックすると、辻田が返答し、入室を促される。

「財津さん！　いらしてたんですか？」

「やあ。花森君。今日は大学総長室に恒例の営業のご挨拶に来ていてね。ここには君がいつもお世話になっている先生がいらっしゃるからダメ元で研究室に立ち寄らせてもらったところ、幸運にも在室しておられたというわけだ。」

辻田も続ける。

「花森君。財津GMは以前、銀座東洋ホテルにいらしたそうだ。僕が不動産会社にいた頃、何度かあのホテルは接待で使わせてもらった。今はなくなってしまったけれど、いいホテルだったよね。押しつけがましくないけれどさりげないサービスが素晴らしかった。GMはレストラン『レペット』のマネジャーだったそうだから、お互い気づかないうちに会っていたのかもしれない。世間は狭いね。」

「辻田先生のご経歴もユニークだね。花森君、知ってた？ 辻田先生にはホテル支配人の経験があるって。」

「えっ？ そうなんですか？ 以前、不動産会社にお勤めだったとは伺っていましたが。」

財津と辻田の二人は目を合わせて笑った。二人はまるで百年の知己のようにすっかり打ち解けている。辻田が解説する。

「いや、支配人なんてとんでもない。実は昔、渋谷の円山町エリアの地上げに関わっていたことがあってね。隣地の地上げを待つ間、先に買い取ったラブホテルの経営を任されたことがある、ただそれだけだ。」

「へえ、そうなんですか。」

「でも、その経験のおかげでアメリカの大学のホテル経営学部マスタープログラムに留学できた。あそこはホテル・レストランでの業務経験が受験資格のひとつだったからね。どうせそのホテル名を書いてもアメリカ人にはよくわからないし。経歴を詐称せず、入学試験に臨めたというわけだ。」

「はぁ。そもそも、アメリカで『ラブホテル』っていう業態はあるんですか？ きっと理解されないですよね。」

「それが、ホテルスクールの先生のうちの一人が知っていてね。レベニューマネジメントの最初の授業で僕は日本人留学生代表として先生に指名され、こう聞かれたんだ。"Ken, please tell me what a love hotel is." ―ラブホテルってどんなものか説明してみなさい、と。」

「授業初日に？ やだなぁ。それで辻田先生はなんて答えたんですか？」

「断っておくが、何に使うか、の説明は求められていないよ。だって、レベニューマネジメントのクラスなんだから。だから、僕は It is a hotel with 300% occupancy rate. ３００％の稼働率を達成できるホテル、って答えたんだ。」

財津が口をはさむ。

「なるほど。それは素晴らしい説明ですね。普通のホテル業界で働いていると100%を超える稼働率なんて考えられないですからね。ところで、私はそろそろお暇します。花森君がいつも先生は時間厳守で1秒たりとも時間を無駄にできない、と報告してきていましてね。総支配人としては経営企画室長の足を引っ張るわけにはいきませんので。それと、大学での営業方法へのアドバイス、ありがとうございました。総長室だけではなく、各学部長にも挨拶にいかないといけない、と。ホテル利用を決めるのは学部ごと、ということですね。さすがに私が全てを回るのは難しい。あとは新任のマーケティング支配人に任せます。」

「阿部さんですね。宜しくお伝えください。」

「財津さん、ようやく新しいマーケティング支配人が着任されるんですね。空席になって2ケ月も経つんで、心配してました。」

花森は、ホテルの命運があと2年で尽きるかもしれず、そんな中で新しい支配人を採用できないんじゃないかと気をもんでいた。

「はは、そこは君が心配するところじゃない。では、私はこれで。」

　財津が部屋を去ったあと、花森は辻田に訊いた。

「ところで、辻田先生。今、阿部さん、とおっしゃいましたが、新しく着任される方、ご存知なんですか？」

「うん。君も会ったことがあるはずだよ。」

「そうなんですか？ファーストネームはなんておっしゃいます？すぐには思いつかないんですが。」

「まあ、そのうちわかるよ。それより、お昼は食べた？僕は学食に行くつもりだったんだけど、予期せず財津ＧＭがいらしてしまってね。今日のミーティングは学食でもいいかい？」

「私は早めのお昼を食べてきてしまいましたが、お供します。でもまだ、ラーメンくらいなら食べられます。」

＊　＊　＊　＊　＊

外はまだ雨が降っていたが、辻田の研究室のある建物と例の藤棚の前に建つ由緒ありそうな学食棟は外廊下でつながっており、屋根もあるので傘を持たずに移動できた。花森が「学食」で食事するのももちろん15年振りである。学食棟の前室には食券販売機が並んでおり、辻田は迷わず「かつカレー」のボタンを押した。

「花森君、今日も奢ってあげるよ。何がいい？」

奢ってくれると言われても、あまりお腹はすいていないからガッツリ系を頼む気にはならない。花森はちょっと悩んだ末に「山菜うどん」を注文した。学食のラーメンではスープの出汁が期待できず、ラーメンにうるさい自分としてはきっとがっかりするだろうと思ったのだ。一方、花森は最近ようやく関東風の濃い醤油ベースのうどんが食べられるようになってきた。関西風の出汁のきいたスープの方が好きだけれど、こういう機会に関東風に慣れておこう、と思ったのだ。いったい何のために慣れる必要があるのか、よくわからないけれど。

カウンターで食券と引き換えに注文したメニューを受け取り、トレーを持ちながら二人は学食のホールに入る。一度に200人以上座れそうなたくさんの席が並ぶ大きなホールの天井は吹き抜けになっており、木材の梁が剥き出しで見えている。ちょうど、ハリーポッターのホグワーツ魔法学校の学食のようだ。なかなか、趣がある。ランチのピークタイムは過ぎており、席はたくさん空いていた。ちょっと社外秘の話をするかもしれないという気持ちもあり、二人はホールの隅の空いている席をとった。

「さて、今日のテーマは何だったっけ？」

辻田はかつカレーをがっつきながら訊ねる。そういえば前回もかつサンドをおいしそうにほおばっていた。辻田はとんかつ好きなのだろうか？　いやいや、今日のテーマは辻田教授の嗜好ではない。変な話題は振らない方がよい。花森は前回のおさらいから始めることにした。

「はい。まず、先月ご相談させていただいた客室部門で抱える宿題についてですが、先月来ホテル活性化委員会内での議論が進んでいます。まだ実践されているわけではないですが、いくつかのサブプロジェクトチームが組成されプロジェクト実行準備が進められています。自分は各プロジェクトに深く関わらず、コントロールタワーに徹することにしています。いろいろとご指導ありがとうございました。さて、本日ご相談したいテーマは顧客満足度についてです。委員会でいつも問題となるのですが、定期的に集計している顧客満足度調査のスコアが上昇傾向にあるのに、それが収益向上に結びついてきません。顧客満足度を上げることは経営的にはどうでもいい、ということなのでしょうか？だとすると、顧客満足度向上を目指す我々の努力は無駄ということになります・・・。」

「これはまた、アバウトな質問だな。でも、『顧客満足度絶対主義』、すなわち、『お客様は神様です』の精神を疑ってみることは悪くない。多分、顧客満足度の測り方が間違っているんだと思う。まず、顧客満足度調査の方法を訊きたい。君のホテルではどうやって顧客満足度を調査している？」

「はい。方法は2つです。ひとつは客室内においてあるアンケート調査票、そしてもうひとつは、チェックアウトの時にフロントで渡すアンケート調査票。こちらは、URLが記載してあり、後日web上でも回答できるようになっています。」

「なるほど。フロントではいつも調査票を渡しているの？」

	(3)旅行代理店	(4)オンラインエージェント	(5)その他（　　　　）
	(3)普通	(4)ややそう思う	(5)まったくその通り
	(3)普通	(4)ややそう思う	(5)まったくその通り
	(3)普通	(4)ややそう思う	(5)まったくその通り
	(3)普通	(4)ややそう思う	(5)まったくその通り
	(3)普通	(4)ややそう思う	(5)まったくその通り

「いえ、それでは分析作業が膨大になってしまうので、新しいパッケージ商品を売り出したときとか、改装したときとか、期間限定です。客室内調査票がメインで、フロント配布は臨時対応、といったところです。」

「なるほど。調査票も見せてもらえるかな？」

「はい。これです。」

「ありがとう。問題がだいたいわかった。」

「えっ、もう?!」

気が付くと、辻田はかつカレーをきれいに食べ終えていた。花森はあわてて山菜うどんをすする。味は可もなく、不可もなく、といったところか。

辻田は紙ナプキンで口の周りを拭きながら解説を始めた。

「じゃあ、まず、アンケートを集める方法の問題点について指摘しよう。客室のライティングデスクにおいてあるアンケート票は2つの点で、問題がある。まず、回収率が悪い。アンケート結果を分析する客室部門の担当

お客様アンケート　質問事項

1. ご予約はどこを経由して行われましたか?	(1)ホテル HP	(2)電話予約
2. ご予約はスムーズでしたか?	(1)まったくそうは思わない	(2)あまりそうは思わない
3. チェックインはスムーズでしたか?	(1)まったくそうは思わない	(2)あまりそうは思わない
4. お部屋は清潔でしたか?	(1)まったくそうは思わない	(2)あまりそうは思わない
5. ベッドの寝心地はよろしかったですか?	(1)まったくそうは思わない	(2)あまりそうは思わない
6. 石鹸やボールペンなど備品は揃っていましたか?	(1)まったくそうは思わない	(2)あまりそうは思わない
・・・		

者は少ない方が楽だろうが、それでは統計学的に意味があるサンプル数を獲得できないはずだ。そして、2番目。こちらの方が問題なんだが、アンケートに回答する人の多くは、君のホテルのサービスなり施設に絶望して不満をぶちまけるために書いているか、サービスや施設に感動してその喜びをホテルと共有したいと思って書いている可能性が高い。それらの意見も大切だが、ある意味、少数意見だ。サービスはまあまあ満足、施設に不満はないが感動もない、という客が、わざわざこのアンケート調査票に回答するだろうか？」

「回答しないでしょうね。自分も同業者ながら、ホテルに宿泊してアンケート票を記載することはほとんどありません。ですが、無関心層の意見表明なき意見ではホテル運営の改善点が見つかりません。やはり、悪いところは指摘を受けてサービス改善委員会に回し、お客様からの感謝の言葉は担当部署に回覧することでサービス向上の意欲が湧く、というものではないですか？」

「もちろん、そういう使い方をするのは構わない。特に感謝の言葉をシェアするのは従業員のモチベーション向上につながる。一方、客のクレームの方はすべて採り上げて対応策を考えるべきかは、ちょっと注意が必要だ。同じことが別の客からも指摘を受けている場合や人命・安全性に関することであれば躊躇なくサービス改善委員会にかけるべきだろうが、その客固有のクレームの場合、もっと言うと『言いがかり』的なクレームの場合、サービス改善委員会で議論すべき話題ではないかもしれない。」

「はい。その点は担当者も心得ていると思います。話を戻しますが、意見がなさそうな客の意見を訊く意味って、何でしょうか？」

「意見がない客の意見を訊くんじゃない。わざわざライティングデスクの上に置いてあるアンケート調査票に書こうとしない客の意見を訊くんだ。彼らは意見を積極的に表明していないだけで、実は朝食のご飯の炊き方がいまいちだったとか、チェックアウトのときに並んで待たされたのにいらいらしたとか、何らかの意見を持っているものだ。声の大きい人の意見だけ聞いたのでは、優先順位をもって改善すべき点を見誤る可能性がある。」

「確かにそうですね。大きな問題となる前の客の不満を吸い上げる、っていうわけですね。」

「それもある。ただ、もっと大きな目標は、『統計学的に意味のあるアンケート集計をする』ことにある。アンケートの母集団が『非常に不満を持っている客』と『非常に満足した客』だけからなっていたら、ホテルの客全体の動向を正しく把握することにならない。また、改装後にフロントで配るアンケート調査票は、改装直後というホテルの定常時ではないタイミングでの客だけを母集団としている。更に、ＵＲＬをＰＣやスマートフォンに打ち込むのは手間がかかるので、回収率も低いはずだ。一言でいうと、できるだけバイアスのかかっていない、すなわち偏りのない母集団から、できるだけ高い回収率を獲得する、という姿勢が、顧客満足度調査には求められるんだ。」
「先生、ご指摘の点はわかりましたが、では、他のホテルではどうやっているんですか？」
「その質問に答える前に、コーヒーが飲みたい。あいにく外は雨で傘は研究室においてきたから、図書館脇のコーヒーショップには行けない。あっちの自動販売機にホットの微糖缶コーヒーがあるから、それを買ってきてくれないか？」

辻田はポケットから小銭を出して花森に渡し、学食の食券販売機とは反対側のドアを指した。どうやら、あの先に飲み物の自動販売機があるらしい。缶コーヒーは奢ってくれないみたいだ。自動販売機コーナーの方に歩きながら、花森は考える。アンケート回収率を上げるには、回答者には缶コーヒーなり、缶ビールなりをあげればいいのでは？　そうすると、その場で回答する人はいいが、家に帰ってから回答する人がむしろ損した気分になって回収率が落ちるかな。

花森が缶コーヒーを買って帰ってくると、辻田は誰かとスマートフォンで話をしている。忙しい先生だ。大学教授業以外にもいろいろコンサルティングをしているらしい。ほどなく、辻田は電話を終えた。

「やあ、すまない。コーヒー、ありがとう。」

「いえ、とんでもありません。先生、フロントで配るアンケート調査票ですが、その場で回答して回収した方が良いですよね。その際、回答者には缶コーヒーみたいな景品をあげては如何でしょう？」

「うん。悪くないアイデアだ。ただ、フロントで配布するアンケートは定期的に行なう必要がある。ホテルの定常時を測るためにね。継続的にやるとなると、景品代が少し嵩むね。それと、チェックアウト時のフロントデスクは混んでいることが多い。できれば、フロントエリアにチェックアウト後の客が溜まってしまう事態は避けたい。そして、アンケートを紙で回収するのではなく、客にはｗｅｂ上で回答してもらいたい。集計のために入力の手間をはぶくためにね。」

「とすると、回答をインターネットに誘導するということになりますね。」

「そう。そもそも最近はオンラインで予約する客が増えており、宿泊客のメールアドレスをホテルが把握していることが多い。そこにアンケートサイトのＵＲＬをメールしてあげれば、顧客はワンクリックで入力画面に飛べるよね。それから、アンケート回答者へのリワードなんだが、実はアンケートに答えても何ももらえないのが一般的だ。でも、『このホテルをよりよくしたいので協力してください』というストレートなお願いや、一度ではなく２度、３度とアンケート回答のお願いを送付することで回収率を上げる努力をしているところも多い。何らかのリワードを検討するのであれば、次回ホテル訪問時にコーヒーなりビールなりを無料で飲めるクーポン券を発行するという方法もある。缶コーヒーを現物で渡すよりコストが安く、ホテル再訪のモチベーションにもなる。いずれにせよ、顧客満足度を経営指標として真剣にとらえているホテルでは、アンケート回収率も経営指標にして、どうやって回収率を上げるかの議論も定期的に行なっているようだよ。」

「うちのホテルが遅れていることがよくわかりました。そして、この顧客満足度調査は客室部門だけのものじゃないですよね。レストラン部門でも活用できそうです。」

「うん、そうだね。ただ、花森君のところの顧客満足度調査の問題点はこれで終わりじゃない。今度は、調査票の中身について話をしよう。君のホテルの調査票は5段階評価になっている。これはいい。たまに7段階評価や10段階評価を見ることがあるけど、満足度が7なのか、8なのか、そんな正確にデジタルに自分の満足度を測れる人は少ない。それに、集計するときには10と9を『大満足』、8から6までを『満足』、みたいにまとめてしまう。集計の時にどうせまとめてしまうくらいなら、そもそもそんなに細かく刻んだスコアは必要ないはずだ。」

「はい。そう思います。そう言えば日本人は海外の方に比べて極端なスコアをつけず、『ふつう』『どちらでもない』に丸を付ける人が多い、という記事を読んだことがあります。そうなると一般客の意見がよりわかりづらいということですよね？」

「そうだね。アンケートの設問次第では、満足・不満の2択にしてしまった方が傾向がはっきりする。その辺は試行錯誤が必要だ。ちなみに、試行錯誤を恐れずに新しいことに挑戦するということは、業務改革を行なううえでとても重要だ。ビジネスの世界は大学のケーススタディみたいに物事がきれいに整理されているわけじゃない。誰も『正解』を知らないのだから、正解に近そうなところまで来たら、あとは実際にやってみて軌道修正を行なうしかない。わかるね？」

辻田の力説に花森はうなずく。うちの会社は保守的であまり試行錯誤を好まず、会議で議論を尽くして成功するとわかってから行動に移す体質だ、と思った。学食内の人数はさっきより更に減った。外のカフェレストランだとコーヒー1杯で粘って座っているのも気が引けるが、ここは学食、心配は無用だ。辻田は缶コーヒーを飲み干し、さっきかつカレーと一緒に持ってきたコップの水も一気に飲み干した。

「さて、ここからが重要なんだが、企業は何故顧客満足度向上を目指すんだろう？」

「先生、私のもともとの質問は『顧客満足度向上の意味がありますか』だったんです。先生のその質問に答えられるわけないじゃないですか。」

「情けないなぁ。企業が顧客満足度向上を目指すのは、『顧客満足度』と『顧客のロイヤリティ』に正の相関関係があり、かつ『顧客のロイヤリティ』と『企業の収益』に正の相関関係があることが知られているから、だ。正の相関関係、の意味はわかるね？」

「はい。Aが1増えたら、Bが1増える、ってやつですよね。確か相関係数は-1から1までの間で、1だと正の相関関係が最大で、ゼロだと無関係、-1だとAが1増えたらBが1減る、という理解です。」

「そう。すなわち、本来、顧客満足度は企業収益と正の相関関係があるはずなんだ。」

「では、何故うちのホテルはそうじゃないんでしょう？」

「ひとつには、さっきの『偏りのない母集団』や『十分なサンプル数確保』が達成できていない可能性がある。もうひとつは、調査票のストラクチャー上、意味のある顧客満足度を測定できていない可能性だ。これには解説がいるね。」

「はい。さっぱり意味がわかりません。」


花森はわからないことはわからない、と言えることが自分の強みだと思っている。辻田は自分の出身大学の入学時の偏差値レベルも、そして彼の「観光経済学」のひどい成績もわかっている。失うものはない。

「この質問票の最後の方で『総じて今回のご滞在には満足していらっしゃいますか？』と訊いているね？　これは満足度を訊いているけど、顧客のロイヤリティには触れていない。ロイヤリティとは自身の再訪意思や口コミやSNSを通じて他者にこのホテルの滞在を薦めてくれる姿勢のことだ。もしかしたら、今回の滞在の満足度が高くてもロイヤリティ向上につながっていない可能性がある。例えば、君のホテルがどこかの旅行代理店と共同で、『ディープな池袋満喫ツアー、池袋北口中華街でのディナーとシティホテル1泊朝食付、1万円ぽっきり』という商品を作ったとする。すごくお値打ち商品でホテル宿泊満足度も高いが、この客は君のホテルにロイヤリティをもち、リピート客になるだろうか？」

「ならないでしょうね。だって、たまたま旅行代理店が組み込んだホテルがうちなんだし、その手の旅行商品は一度体験したら恐らくリピートはないですね。」

「そうだね。だから、正しい顧客満足度調査では、総合的な顧客満足度とともに、再訪意思や友人への進言する意思を訊ねることで、顧客満足度向上が収益向上に結び付いているのかを確認するようにしている。君のホテルの調査票にはそれがない。」

「なるほど。だいたい、この調査票、いつ作られたんでしょうね？委員会では調査票自体を作り直すべきかどうかの議論すらありませんでした。盲点でした。至急、対応します。」

「それと、君のところではどういう集計をしているかわからないが、総合満足度に寄与する項目とそうでない項目も相関係数を見ながら判断できる。それも『どこを重点的に改善すべきか』を探るうえで重要なポイントになる。」

「すみません、おっしゃっている意味がわかりません。」

「花森君さ、ちょっと開き直り過ぎていない？」

「先生、私は先生の顧客です。顧問料は安いけど・・・。顧客の目線に立ったサービス提供が求められています！顧客満足度重視でお願いします。」

「承知しました、お客様。」

辻田は茶化しながらうやうやしくお辞儀をし、説明を始める。

「具体例で説明しよう。僕がアメリカに留学していた時に実地研修の一環で実際にニューヨークのホテルの協力を得て行なった顧客満足度調査でわかったことだ。対象物件は何十年も前に開業した歴史ある4スターホテルで、サービスクオリティの高さが売りだった。確かに従業員のフレンドリーさ、作業の正確さといった、『従業員のサービスレベル』への満足度は高かった。一方、施設が古く、特に客室内の家具・設備への不満が高かった。宿泊者の総合満足度は高く、施設老朽化の不満を従業員の高いサービスレベルでカバーしているように見えた。」

「多かれ少なかれ、似たような境遇にあるホテルは日本にも多いと思います。でも、実はそうじゃなかったんですよね。」

「そう。『総合満足度』と『従業員のサービスレベル満足度』の相関係数は低く、『総合満足度』と『客室内家具・設備満足度』の相関係数は高かったんだ。それと、『ロビー・エントランス周りの豪華さ』との相関係数も高かった。このホテルがカネをかけるべきところは、従業員研修ではなく、客室やパブリックスペースの改装・メンテナンス、ということになる。数字はいい加減だけど、こんな感じだ。統計学では相関係数が-0.2から0.2の間の場合、両者には相関関係がないと見做すんだが、従業員のサービスレベルと総合満足度の関係が正にそれだった。」

そう言うと辻田は手元にあった紙ナプキンにこんなチャートを書いた。

「もちろん、従業員研修をないがしろにしていい、と言っているのではないし、例え従業員研修費を客室改装費に回したとしても、大した金額にはならない。ただ、そのホテルとしては、客室改装投資⇒顧客の総合満足度向上⇒ホテル収益向上、という正の相関関係が説明できないと、改装投資費用を投資家もしくは銀行から調達することができない。ホテルの収益向上なしに資金提供者に利息や配当を払うことができないからね。ホテル収益改善のために何に投資をすべきか、それをどう資金提供者に納得してもらうか、の検討・説明に、顧客満足度調査が活用できるということだ。」

「そうなんですね。でも、ちょっと腑に落ちません。例えば従業員研修費を削ったホテルのサービスクオリティはいずれ低下するはずです。そしてそれは、やがて総合満足度に負の影響を与えるようになるのではないですか？」

「もちろん。だから、顧客満足度は定期的にモニタリングする必要がある。改装したときだけじゃだめなんだ。ちなみに、ハー

バードビジネススクールの先生が熱心に研究しているテーマ、「サービス・プロフィットチェーン Service-Profit Chain」という考え方があるんだが、顧客満足度を上げるには従業員満足度を維持・向上させる必要があるとの研究結果が出ている。従業員満足度（ＥＳ：Employee Satisfaction）、顧客満足度（ＣＳ：Customer Satisfaction）、そして投資家が配当を得ることで向上するオーナー満足度（ＯＳ：Owner Satisfaction）の３つが、近代的なホテル経営においてマネジャーがスコアを維持・向上させるべき指標とされている。すごく大雑把にいうと、ＥＳ向上が対外サービスレベルを上げ、それがＣＳを向上させ、顧客ロイヤリティ向上を経てホテル収益向上、すなわちＯＳ向上につながる、という仮説だ。更に言えば、オーナーが得た収益の一部を昇給・ボーナス・職場環境改善に投資することでＥＳ向上につながる。どうだい、この３つは密接に連携していることがわかるだろう？」

「なるほど。ＣＳだけではなくＥＳも大切にしろ、という本は読んだことがありますが、ＣＳとＥＳ、それにＯＳまでが相互に影響しあっているとは思ってもみませんでした。」

辻田は腕時計を見て、やおら立ち上がる。午後2時10分。どうやら、今日の花森とのミーティング時間はこれで終わりのようだ。

「さて、食事も済んだし、コーヒーも飲んだし。次は2時半に来客があるんだ。研究室に戻ろう。君も傘を取りに行く必要があるね？」

「はい、ご一緒します。先生、研究室に戻りながら、もうひとつだけ質問させてください。さっきの『ディープな池袋満喫ツアー』参加のお客さんの件なんですが、そのツアー自体はリピートしないとしても、せっかくうちのホテルに泊まっていただいたのですから、これをきっかけにうちのファンになってもらい、別の理由で再訪しご宿泊いただく可能性を探るのはどうでしょう。そのためにeDM（e-mailによるダイレクトメール広告）を打つ努力はしても良いように思うのですが。」

「eDMのコストはゼロに近いから、eDMリストにその客を載せるのはもちろん構わない。でも、その客がリピート客になる可能性は低い。だから、コストをかけてマーケティングをするのはどうかと思う。」

二人は研究室棟のエレベーターホールまで来て、エレベーターが来るのを待つ。ここには高層階まで到達する各階止まりのエレベーターが2基あるが、たまたま2基とも高層階に行ってしまっており、少々待たないといけないようだ。

「その客は何故リピーターにならないとお考えですか？」

「その満喫ツアーは恐らく、ホテルが稼働率低下に苦しみ、企画団体商品として特別に安い料金を提供することで成り立っている。例えば、ADR（平均客室単価）が1万3000円の君のホテルが、8000円といった価格で提供していることになる。次回泊まってもらうときにまた8000円で泊まってほしいかというと、Noだ。FIT（Free Independent Travelers 個人旅行客）で再訪するならせめてADRくらいの価格で宿泊してほしい。その客が今回得られた満足感は、あくまでも8000円で宿泊したホテルでのものだ。それより50％以上高いカネを払って宿泊したいか、その価値があると思うか、そもそも池袋に宿泊する用事があるのか、可能性はゼロではないだろうが、かなり低いと考えるのが自然だ。」

ようやく1基が1階に到着した。誰も乗っていない。二人はエレベーターに乗り込み、辻田は9階のボタンを押した。

「花森君、すべての客を取り込もうとするな。セグメンテーションという言葉を聞いたことがあると思うが、自分のホテルの強みが生かせる顧客セグメントは何かを一生懸命考え、その客を取り込む努力を集中的に行なうべきだ。例えば、ここのエレベーターは2基とも全ての顧客を運ぼうとして非効率になっている。高層階用と低層階用に分けて違う顧客を運ぶようにすることで、より効率的に客が運べるようになるかもしれない。いまや、『お客様は皆、神様です』の時代じゃない。」

エレベーターは9階につき、二人はそこから長い廊下を歩く。辻田は続ける。

「顧客満足度調査の結果もそうだ。顧客の不満はいろいろなところにある。例えば多くの客が『エレベーターの到着が遅く、待たされることが不満だ』と回答していたとしても、総合満足度への相関係数が低ければ、その不満は一旦放置し、別の相関係数が高いところの不満解消に努めるべきなんだ。」

辻田の研究室前で花森の傘を渡しながら、辻田は自嘲気味にこう言って、本日のレクチャーを終えた。

「実際、ここにはエレベーターの運行体制に関する不満を持つ先生が多い。だけど、だからといって『ここの教授を辞めてやる！』という声はないし、それより少しでも研究費を上げてほしいと思っている。だから、いつまでたってもここのエレベーター問題は解決しない。大学には顧客満足度分析のプロなんてきっと掃いて捨てるほどいるからね。放置できる不満は放置されるんだよ。それは残念ながら、経営学的にみて正しい行ないだ。」

第四章

「立ち入り禁止」の向こう側

ようやく梅雨が明け、池袋にも暑い夏がやってきた。辻田は今、花森とともに、ホテルメガロポリス地下一階の「関係者以外立ち入り禁止」と書かれた扉の奥にある、財務部の会議室にいる。一般の客はこの扉の向こう側にこんな世界が開けているとは想像できないだろう。扉の向こうはバックオフィスもしくはバックオブザハウス（ＢＯＨ、Back Of the House）と呼ばれ、ホテルスタッフだけが使うスペース。客が通る廊下は絨毯が敷かれ、壁にはきれいな壁紙が張られ、ダウンライトがすてきな雰囲気を醸し出している。バックオフィスはタイル貼りの床、ペンキで塗られただけの壁、蛍光灯の光、と、味気ない。ぱっと見て、病院と見分けがつかない。今回の定例ミーティングは管理会計分析がテーマということで、財務部長の近藤誠一にも同席をしてもらい、データを呼び出しながら議論ができるよう、花森は面談の場をホテルに設定した。会計情報という話題が話題だけに、誰が聞いているともわからない大学のキャンパスで話すのも難しい。一方、ホテルでミーティングをすることに関し、辻田には花森には言っていない、もう一つの賛成理由があった。大学の研究室のエアコンはあまり涼しくならない。ちなみに、冬もあまり暖かくならない。水光熱費削減の観点から温度設定の上限・下限が本部で集中管理されているのだ。辻田はホテルの方が快適に過ごせると考えた次第だ。

近藤が雑用を済ませてこの会議に参加するのを待つ間、花森は前回からの社内プロジェクト進捗状況を辻田に伝えることにした。財務部と兼務の経営企画室長秘書の田辺ひまりがプラスティックカップ入りのコーヒーを２つ持ってきてくれた。田辺はすまなそうに言う。

「申し訳ございません。うちはホテルなのに、バックオフィスにご来社の方には普通のオフィスコーヒーしかございませんので・・・。」

「いいえ。お構いなく。ところで、花森君はしっかり働いていますか？」

「そうですね。あまり席にはいらっしゃいませんね。かといって、出張費や接待交際費の経費精算申請もあまり上がってこないみたいで、いったい何してるんですかね、花森さん？」

「田辺さん、人聞きが悪いな。ホテル館内を歩き回って、いろんな部署の人と会って話を聞いているところだよ。客室部門は何とか経営改善の突破口が見えそうだけど、他の部門はどうしていいか、そもそもどういう状況なのか、よくわかっていない状況だからね。何しろ、経営企画室には僕しかいないし。」

「そうね。あたしも0.1人くらいにはカウントされてるんですけどね。では、頑張ってください！」

田辺が会議室から去ると辻田がつぶやく。

「花森君、いいね、秘書がいて。大学も理系はともかく、文系学部は研究室の予算が極端に少ないし、僕なんか外様の特任准教授だから秘書を雇う余裕なんて全然ないよ。」

「でも、先生は学外でコンサルティングとか講演とか執筆活動とか、いろいろされているじゃないですか。」

「まあ、それらも全部自分で管理しているわけだ。ホテルのバックオフィスと一緒で、表面は華やかでも裏ではバタバタしているってことだ。」

「そうなんですね。さて、前回の宿題の顧客満足度調査についてなんですが、うちの客室部門にもんとエクセルを使って相関係数を計算できるスタッフがいまして、彼女がサブプロジェクトリーダーになって、調査票の設計し直しと、Googleフォームによるｗｅｂアンケート集計体制も作ってもらっています。来月には新システムが稼働するそうです。みんな、何か方向が与えられると一気に動き出しますね。それまでは活性化委員会が活性化していなかったのに。」

「それは、君というプロジェクトリーダーが登場して、問題の本質を少しずつ解きほぐし、適材適所のサブリーダーを任命しているからだよ。何事もブレークダウンをしていくと問題点がどこにあるかが見えてくる。君にはきっとプロジェクトマネジメントの素質があるんだね。」

「あんまり褒めないでください。プロジェクト管理表はまだスカスカのままです。」

とはいえ、花森は褒められてまんざらでもない。実のところ、委員会の運営が軌道に乗り始めていることは実感している。ただ、暗中模索の状態から脱しつつあるだけで、ホテルの利益が改善し始めたわけではないし、賃貸借契約更改の話が進んでいるわけでもない。花森は、大事なのはどの部門がどの程度儲かっていなくて、それをどの程度改善するべきなのか、を知ることであると考えている。「どうやって」改善するのか、も大切なのだが、まず「業界の水準に照らしてどの程度改善するべきか」の目標設定が必要だと感じている。そのためには、財務資料の読み込みが必要であり、財務部長の近藤の支援を仰ぐ必要があるわけだ。

折よく、近藤が会議室に入ってきた。

「お待たせしました。財務の近藤です。花森から辻田先生のお話は伺っています。財務関連資料準備の宿題もいただいておりますが、残念ながらうちのホテルではユニフォームシステムは採用していません。」

近藤はいきなり、予防線を張ってきた。近藤はまだ40代後半。ホテルの親会社・豊島興産のメインバンク・ミズナミ銀行からホテルに出向してきて3年になる。それまではホテル業界に縁もゆかりもなかったそうだが、今や押しも押されぬ財務部長だ。ユニフォームシステムとは、Uniform System of Accounts for Lodging Industry のことでＵＳＡＬＩと略される、ホテル業界の標準的な会計基準を指す。米国発祥なので「米国ホテル会計基準」と和訳されるが、米国ベースの国際オペレーターがその会計基準を用いながら国際進出を果たした結果、今や世界標準となっている。日本でも外資系オペレーターと一部の大手本邦系フルサービスホテルチェーンが用いているものの、まだ普及率は低く、デファクトスタンダードと言える状況にはほど遠い。

「でもね。僕は僕なりに勉強してね、ユニフォームシステムって、つまり部門別の管理会計ってことだよね？」

近藤は辻田に確認する。辻田が返答しようとする前に、花森が口をはさむ。

「近藤さん、部門別、すなわち、客室部門、料飲部門、宴会部門、その他部門、に分かれて部門利益がわかる、ってことですよね。それはわかります。でも、管理会計、ってどういう意味ですか？」

「花森さぁ、経営企画室長としては素人過ぎる質問じゃないか？一口に会計、っていっても、用途によって会計基準は異なる。財務会計はわかるよな。僕が銀行員時代からずっと慣れ親しんできた損益計算書や貸借対照表といった財務諸表に集約されている、銀行や株主に会社の財務内容を伝えるための会計基準だ。」

「そのくらい、わかってますよ。でも、管理会計って言葉は、あまり聞いたことなくて・・・」

「花森、管理会計は経営者が経営状況を把握するための会計書類作成の基準だ。財務諸表には売上に関する情報がある程度ブレークダウンされて記載されてはいるが、現段階で日本で一般的と言われる財務会計では部門別の損益の計算までは要求されていない。でも、経営者としてそれが知りたい。だから財務会計とは異なった基準で会計情報を収集し、整理したい。それが管理会計の原点だ。ところで辻田先生、他のホテルではどうやって部門損益を出しているんだい？人件費は組織図に従って割り振ることができるけど、例えば食品原価をレストランごとに割り振るのはすごく面倒なんだけど。」

「近藤さんは銀行出身者と伺っていたので財務分析しかしない人かと思ってましたが、管理会計に理解を示していただけているようでほっとしてます。確かに、ユニフォームシステムが導入されていないホテルで部門損益やレストラン別損益を計算するのは面倒です。ですが・・・」

「先生、ちょっと待ってください。」

花森が辻田と近藤の話を遮る。このままだと、管理会計が何なのかよくわからないまま、話が進んでしまう。

「管理会計は経営者向けの会計書類だ、とおっしゃってましたが、財務書類だってそうじゃないんですか？まだ、違いがよくわかっていないんですけど。」

「花森、おまえさ・・・」

「近藤さん、花森君に経営学を教えるのは私の仕事なので、ちょっとよろしいでしょうか？」

辻田は少し苛立つ近藤を制し、諭すように花森に話しかける。

「花森君、企業経営者はもちろん、財務書類にも目を通す。それが、銀行や株主とシェアされる財務情報だからね。そして、財務書類作成には一定のルールがある。会社によってルールがまちまちでは、銀行も投資家も会社間の比較ができないからね。ただ、財務書類はある会計年度における会社の財務状態を表しているに過ぎない。もちろん、在庫回転率や流動比率などを計算して、業界水準比高いだの、低いだの、批判することはできる。これは、健康診断で身長・体重を計ってＢＭＩ

値を計算し、標準より痩せている、太っている、という議論ができるのに似ている。ちなみに、健康診断で太っているという診断になったとき、君にはその理由はわかるかい？」

「そうですね。カロリー取り過ぎとか、運動不足とか、そんなところですかね？」

「なるほど。では、高血圧と診断された場合はどうだろう？」

「うーん。塩辛いものを食べ過ぎ？　運動不足？　よくわかりません。」

「そう。その辺が財務書類の限界だ。財務分析をしてその比率が業界水準より高い・低いがわかっても、その根本的な理由がわからない。根本的な理由がわからなければ、体質改善の処方もできない。」


近藤は辻田の説明に飽きたのか、スマホをいじり始めている。辻田も早く本題に入りたいが、花森の理解不足をそのままにしておくことはできない。辻田は辛抱強く説明を続ける。

「例えば、財務諸表にはレストランごとの損益は必要とされていない。でも、花森君が気にしているように、レストラン別の損益がわからないと、レストラン部門が全般的に儲かっていないのか、特定のレストランに問題があるのか、あるいは朝食は売れているけど、ディナーがだめなのか、何が理由で利益率が低いのか、がわからない。管理会計書類はそういった疑問に答えられる情報を掲載しているべきなんだ。管理会計基準は会社ごとにばらばらでも構わない。経営者によって知りたい情報は違うからね。ただ、経営者も他の会社と比べたい指標があるよね。一番わかりやすいのが、君のホテルでやたら気にしている客室稼働率だ。」

「はい。でも、他にも業界内で比較したい指標として、例えばＡＤＲ（Average Daily Rate、平均客室単価）や、同伴係数（一室に平均何名の客が宿泊しているかを示す指標）、平均滞在日数なんかもありますよね。」

「そう。そして、ここがポイントなんだが、数値同士を比較するには定義が統一されていなければならない。例えば、客室稼働率の計算にあたり、改装工事中で販売できない部屋を分母にいれるだろうか？　平均客室単価の計算に10％サービス料は入れるだろうか？」

「えっ？　そんなこと、考えたことないなあ。ど、どうですか、近藤さん？」

近藤はいきなり話題を振られ、あわててスマホから目を上げる。

「えっと、うちの稼働率の計算は、始めから販売不能の客室は分母に入れない。だって、販売できないんだから。サービス料は客室単価にカウントしている。だって、外国のホテルのようにサービス料をプールしておいて従業員に配分するんじゃなく、単にホテルの売り上げになるだけだから。」

「近藤部長、流石です。さて、花森君、君のホテルがいつも気にしている客室稼働率だが、競合ホテルのエンパイアホテル池袋でも同じ定義を使っているだろうか？　もしホテルによって異なった客室稼働率の定義を使っているとなると、稼働率のホテル間比較の意味がなくなる。」

「あぁ、なるほど、先生の言いたいことがわかってきました。稼働率ではあまり話題になりませんが、客室単価情報を交換するときにいつも『あのホテルは朝食代金の一部も客室単価に含んでいるじゃないか』と噂されています。だってうちより立地が悪いし物件の古さもあまり変わらないのに、客室単価はあっちの方が高いことが多いんですよ。」

「疑心暗鬼になるよね。そうなってくると、比較の意味がない。ユニフォームシステムは単に部門会計情報を提供するだけではなく、稼働率のように他と比較すべき指標、いわゆるKey Performance Indexの業界標準の定義を提示し、それに皆が従っていれば、他社とＫＰＩの比較ができる、という共通ルールも提供しているんだ。この統一ルールがあるおかげで、会社を移籍しても同じ指標で分析することができる。ホテル業界における人材の流動化にも貢献していると考えられる。さて、さっきの健康診断の例に戻ると、健康な人の血圧の平均値と呼ばれているものがあるから、高血圧だ、低血圧だという議論ができる。背景には、血圧の測り方のルールがあって、そのルールに従って計測した膨大なデータをもとに、健康な人の血圧の範囲、というものが計算されている。この比較のベースになる指標をベンチマークという。共通ルールとベンチマークがあるから、比較することができるというわけだ。」

ここまできて、近藤が体を乗り出し、ようやく議論に参加し始める。


「先生、で、うちのホテルの稼働率や客室単価の定義、ユニフォームシステムに従っているの？」

「今伺った限りではそうですね。でも、定義はもっと詳しく書かれていますから、ちゃんと調べないと何とも言えません。花森君との契約上、私はフレームワークの説明はしますが、分析はしません。それは花森君の仕事です。」

「なるほど。花森、仕事が増えてよかったな。じゃあ、うちのＫＰＩの定義がユニフォームシステムに準拠しているか、調べてみてくれ。」

「え、そんなの手が回りませんよ。近藤さんの方で何とかなりませんか？」

「何とかならんから、お願いしているんだ。最近、社長があの資料だせ、この資料だせ、とうるさくてね。財務部はそっちの対応で手いっぱいだ。」

辻田が助け舟を出す。

「稼働率や客室単価の定義は、各ホテルごとに定義を考えている、というより、何も考えずにPMS（Property Management System、フロントデスクに備えつけられている客室管理システム）の初期設定に従っているだけだと思います。まずは、PMSのベンダーに照会するといいと思いますよ。」

「先生、ありがとうございます。早速、明日にでも確認してみます。」

「さて、本題に入りましょう。近藤さん、御社ではユニフォームシステムは導入していないとのことですが、なんとかして疑似的にユニフォームシステム会計を作れませんか？正確でなくても結構です。何らかの配賦基準を設けて、食品原価や備品購入費など、部門に振り分けられていない経費を部門ごと、料飲部門はレストランごとに、振り分けていただきたいのですが。例えば、食品原価はとりあえず、レストラン売上高の比率に応じて振り分けてみてください。」

「ＯＫ。基礎的なデータはこのパソコンに落としてあるからちょっと時間をくれればすぐ作業できる。僕、この歳でもいまだにエクセルをいじって遊んでるんだ。えらいだろう?」

「近藤さん、流石です。ちなみに、一般管理費、営業費、修繕費、水道光熱費の4部門の経費は売り上げをあげている部門に割り振らないでください。それらは、『非配賦費用』もしくは『オーバーヘッドコスト』と呼んで別に管理します。」

「いいけど、なんで?すべての費用はできるだけ部門に割り振ってしまって、各部門の利益捻出力を見た方がよくないか?」

「ああ、いいご質問です。近藤さんはエクセルの作業をしながら、聞いてください。以前、私はある国内系ホテルチェーンの管理会計をみたことがありますが、ご丁寧にオーバーヘッドコストも各部門に割り振っていました。でも、それはあまり有益ではありません。ユニフォームシステム導入のメリットのひとつに、部門長の責任をはっきりさせることで業績考課に活用できる、というものがあります。どういうことかというと、例えば客室支配人は、客室部門において客室単価設定を変えたり、シャンプーのグレードを落として経費を節約したり、いろんな裁量があります。そして、その結果が客室部門の粗利益となって現れるわけです。でも、総支配人や近藤さんのようなバックオフィスの人件費は客室支配人のコントロール外。ホテル全体のマーケティング費や修繕費も然り。それらの、客室支配人が管理できない費用を割り振ってしまうと、客室支配人自身の力量を測ることが難しくなります。日本の会社ではマネジャーの業績考課やボーナス査定にそのマネジャーが管理する部門の損益を直接反映させることはしない風潮がありますが、海外では違います。ボーナス査定のベースになる自分の部署の損益が総支配人が使った接待交際費で減ってしまったんじゃ、やりきれないですよね。なので、オーバーヘッドコストは配賦しないことになっているんです。」

「なるほど。うちのホテルは典型的な『日本の』会社だ。昇給もボーナス査定も総合評価ってやつで決まるから、ユニフォームシステムが入る意義は少ないな。」

「近藤さん、そうじゃなくて・・・。だから、ユニフォームシステムの導入は人事システムの見直しとセットにしないと業績改善効果が薄い、ということなんです。」


そこまで辻田の説明をじっと聞いていた花森がここで手を上げて質問する。


「先生、でも例えば、ずっと赤字のレストランのマネジャーは昇給やボーナス査定の時に不利じゃないですか？人事異動でたまたまその部門に配属になったら、僕だったら、モチベーション下がりますけど。」

「そうだろうか。君はホテルメガロポリスという赤字企業の経営企画室長になって、モチベーションは下がったかい？　たぶん、君の頭の中には『このホテルを黒字化できたら、総支配人は自分のことを評価してくれるはずだ。』という思いがあるはずだ。赤字の部門でも赤字幅をどれだけ改善したか、を査定のモノサシにすればいい。赤字が縮小したのなら、ボーナスを払う働きに値する。だから、人事評定を含めた人事システムの見直しも必要なんだ。」

「なるほど。でも今、話を伺っていて、気づきました。経営企画室長ってポジションは今回財津さんが新しくつくったんですが、私は自分がどうやって評価されるのか、全然知りません。」

「その辺も日本的だね。欧米流のいわゆるジョブ型雇用では、まずポジションがあって、そのポジションに座る人は何をすべきかが明確に決まっている。その内容は、ジョブ・ディスクリプション(job description)──日本語では職務記述書と訳すらしいけど、それに具体的にリストアップされている。『具体的』というのは大事で、例えば『ホテルを黒字化する』だけだと大雑把過ぎるよね。僕みたいなアドバイザーをいじめて安く雇うとか、財務支配人に疑似ユニフォームシステムを作らせるとか、大目標達成のためのブレークダウンされた目標設定が必要だ。まあ、そのあたりはどうやって経営目標を立てるべきか、というテーマで、また別の機会に話そう。」

「先生、安く雇う、ってところ、強調しないでください。専門家を雇う予算がないのは私のせいじゃありません。ユニフォームシステムと同じで、マネジャーに自身のコントロール外の要素を配賦しないでください！　でも、ジョブ・ディスクリプションをきちんと作っておくことは、私の仕事を効率よく進めたり、プロジェクト管理表を作ることとも関係がありそうですね。近いうちに総支配人の時間をとってもらって相談してみます。」

それまでエクセル上で何やら作業をしていた近藤が、ここで二人の会話に割って入る。

「花森のもうひとつのジョブ・ディスクリプション、僕に疑似ユニフォームシステムを作らせる、って方は、ひとまず目標達成だ。うちのホテルの去年のユニフォームシステム基準の損益計算書がこれだ。」

近藤は自分のＰＣを会議室に備え付けられている大型スクリーンにつなげ、計算結果を投影する。

「ユニフォームシステムでは減価償却費や役員報酬、借入金利負担なんかを除いたホテル営業利益をＧＯＰ、Gross Operating Profit というのは知っている。それと、賃料が払えないことにはホテルの存続にかかわるから、その辺も最後に計算しておいた。どうだ、これで少しは外資系ホテルの経営に近づいたか？」

「近藤さん、すごいです。もちろん運営経費の部門間配賦は一定の仮定をおいて行なっているので必ずしも正確ではないかもしれませんが、この表だけでいろいろなことが見えてきます。その議論を始める前に、一点確認なのですが、先日拝見させていただいた財務会計書類としての損益計算書上では昨年度の減価償却費は268百万円でした。実際に資本支出としてはどのくらい使っていますか？　資本計上

Hotel Megalopolis Tokyo　（単位：百万円）

	ホテル合計	客室	料飲	宴会	その他
売上高	8,218	3,637	2,010	1,403	1,168
部門運営費用	4,625	1,273	1,809	1,192	350
売上原価	1,267	255	603	351	58
労務費	1,717	364	804	491	58
支払手数料	605	364	101	140	0
その他	1,036	291	302	210	234
部門利益	3,593	2,364	201	210	817
配賦不能費用	1,890				
一般管理費	822				
営業費	329				
修繕費	329				
水光熱費	411				
GOP	1,703				
賃料	1,500				
GOP－賃料	203				

科目は損益計算書には出てこないのですが、キャッシュフロー上は現金流出科目ですので、確認をしておきたく。」

「えっと、去年は特に大きな修繕工事はなかったと思うけど、あ、和食レストランの武蔵野と中華料理の新華楼で家具の入れ替えをしたな。ホテル上層階の客室の壁紙とカーペットの張替えもしている。合計199百万円だ。結構使っている。」

「なるほど。GOP－賃料－資本支出額＝4百万円、ってことですね。それと、財務の損益計算書には償却資産税と火災保険料が計39百万円計上されています。これらも現金流出科目ですから、このホテルは金融収支前キャッシュフローで35百万円の赤字だったということになります。」

「それはわかってるよ。こんな状況でも社長は50百万円の役員報酬払えっていうし、結局、豊島興産から100百万円追加で借りた。豊島興産から金を借りて豊島社長個人に役員報酬払うって、変な感じだけど、それは社長が判断すること。僕の仕事は、このホテルの資金繰りをつけることだ。」

「近藤さん、ご説明ありがとうございます。資金繰り状況は承知しました。さて、改めて近藤さんの力作を見てみましょう。客室部門の利益率は65％、本当は70％くらいほしいところですが、既にレベニューマネジメント、オーバーブッキング、直販誘導などいずれも利益率改善に寄与すると思われる施策が検討されていると伺っていますので、今日は深入りしないでおきましょう。ちなみに、私が客室部門利益率が70％くらいほしい、といっているのは、ユニフォームシステムベースのホテル損益計算書を数多く分析すると見えてくる、ベンチマークというやつです。」

「辻田先生、よくわかります！ 何だか大学の講義を受けているようでワクワクします。」

「花森君、それは大学教授ではない人に向かっての発言なら誉め言葉だが、あいにく僕は大学教授そのものだ。人にわかるように講義するのは僕の本業だ。」

「先生、すみません。ですが、学生の頃は正直申し上げて講義が楽しいと思ったことがありませんでした。それはきっと、講義の内容が自分の生活と直結していると思えなかったからなんでしょうね。でも、今は自分の働いているホテルの経営分析をしている。やっぱり、ワクワクします。」

「なるほど。そのワクワク感は仕事をこなすうえでのよいモチベーションになるね。さて、花森君の受講感想は脇に置いておいて、話を先に進めよう。客室部門の次に売上が大きいのが料飲部門だ。でも利益率はわずか10％。花森君が前から気にしていた通り、ひどい状況だ。近藤さん、レストラン別の損益で一番足を引っ張っているのはどこですか？」

「ダントツ最下位で、フレンチの『ファイン・ワイン・ダイニング』だな。年間40百万円近い赤字だ。運営費もさることながら、売上不足が主な原因だと思う。他のレストランが1席当り年間売上が2百万円を超えているのに、ここだけは1・6百万円しかない。一日平均で4千円強。花森君がいたウェストゲートは一日一席7千円以上売り上げているよ。もっとも、朝昼晩と営業しているから、売上高が高いのは当然かもしれないが。」

花森は自分の古巣がまあまあの運営結果を残していることに安堵しつつ、近藤に確認する。

「ファイン・ツインは村上さんが料飲支配人になった3年前に重厚なフレンチからカジュアルにコンセプトを振って、うまく客足が伸びたと思ったんですが、まだ駄目なんですね。」

「確かに前はもっとひどかった。ホテル最上階の25階にあるから眺めはいいんだが、事前予約の客しか来ないし、客層の年齢層が高齢化していた。村上のアイデアで『そこそこの品質のワインを値段を気にせず飲める』というコンセプトにして若年層の取り込みを図ったのはうまくいったと思うけど、何せ140席の大箱だ。客のボリュームを確保するのは容易ではないな。特に、ディナータイムの座席回転率は0・3と散々だ。平均すると⅓しか席が埋まっていないということだ。もっと客席数を絞って、こじんまりとした運営にした方がいいんじゃないか?」

「近藤さん、お言葉ですが、縮小均衡は一つの選択肢ではありますが、そうするとそもそもホテル自体、こんな大箱いらない、ってことになってしまいます。仮にファイン・ワインの店舗を縮小するとして、最上階の余ったスペースをどう活用するのかをセットで考えないと意味がありません。」

辻田は近藤にやんわりとくぎを刺す。

「大型ホテルでレストラン運営をやめてしまったスペースを『貸切専用レストラン』とか『多目的ミーティングルーム』っていう名前にとりあえずしているところを見かけることがありますが、そういったスペースはほとんど収益を生んでいないと思われます。人口減少と高齢化が急速に進む地方都市ならいざ知らず、ここは世界有数の一日当り乗降客数を誇る巨大ターミナル駅・池袋の真ん前です。レストラン運営をあきらめるのは早過ぎます。」

辻田はそういうと、改めて花森の方を見た。

「花森君、君が気にしていた『どの部門がどのくらい儲かっているか、あるいは儲かっていないのか』はこのユニフォームシステムで分析ができるようになる。あとは、今のフレンチレストランの議論のように、コンセプトの問題なのか、客のボリュームの問題なのか、単価設定の問題なのか、活性化委員会で議論を深めていくといい。その際、できるだけ『独りよがり』にならないことを気にかけておいてほしい。『独りよがり』とは、レストランのコンセプトを決めたり、グランドメニューを決める際に、シェフだけとか、ホテルスタッフだけとか、もしくは外部の広告代理店のような企画屋だけで決めてしまうことだ。君は既に正しい顧客満足度調査の仕方を知っている。レストラン客層の入れ替え、リポジショニングをする際には、新たなポジションには十分な量の見込客がいることを確かめる必要がある。『こんなレストランは好きか？』だけではなく、『この価格設定で行きたいと思うか？』『友達や恋人を誘うか？』を忘れずに聞くことだ。統計分析ができるほどのアンケート回収ができそうもない場合は、フォーカスグループインタビューといって、複数の顧客を集めて対面のインタビューをする方法もある。」

「辻田先生、わかりました。ご指導、ありがとうございます。ユニフォームシステムによる分析が経営改善案策定とそのモニタリングに有効なのはよくわかりました。会計システムと人事システムの同時入れ替えを視野に入れて、近藤さんと財津さんに相談したいと思います。ところで、ウェストゲートですが、コンセプトが古くなってきており、改装計画があります。もちろん、親会社が改装費を貸してくれるかどうか不透明な状態なのですが、少なくとも計画はきちんと作って豊島社長にご説明を差し上げなければなりません。改装計画を進めるべきか、一旦様子見すべきか、について、ご意見をいただけませんか？　来月早々には第一次案がまとまる予定です。」

「辻田先生、僕からもお願いします。財務としては本当に良い改装計画なら親会社を何としてでも説得してカネを引っ張ってくるつもりだけど、本当にいい計画なのか、よくわからないんだ。」

「近藤さん、花森君、わかりました。では、花森君との定例会議の次の話題は改装計画の承認・実行について、にしましょう。ところで花森君、地下のミーティングルームにずっといると外が雨なのか、日が沈んだのか、よくわからないね。でも僕の腕時計によるともうすぐ正午だ。ホテルのレストランに行きたいとは思わないが、ホテルの従業員食堂には興味がある。もしよかったら、連れて行ってくれないか？」

「もちろんです。今日は先生が好きなかつカレーがあるかはわかりませんが。」

「えっ。僕、別にかつカレーが大好きってわけじゃないよ。」

「でも、先日学食では迷わず選んでおられましたし、初めて先生の研究室にお邪魔したときにお持ちしたウエストゲートのかつサンドもすごい勢いでお食べになられていたじゃないですか。」

　花森達はホテルの従業員用カフェテリアに到着した。辻田は花森の質問を不思議そうに聞きながら、こう答えた。

「ああ。それはたぶんきっと、単に早く食べられそうなものを選んでいるだけだ。僕にとってはランチメニューの決定にあたって『早く、手軽に食べられる』という要素が非常に重要なんだ。食べたいと思ってからすぐに食べられるなら、なんでもいいんだ。学食のメニューには何キロカロリーって表示されるようになってきているだろう？　僕は『このメニューは何秒で提供できます。』っていう情報が欲しいんだけど、残念ながら、ない。だから、経験則で早く提供されて早く食べられたメニューとしてかつカレーを頼んでしまうのかもしれない。」

「そうですか・・・。先生、いつも奢ってもらっているので、ささやかですが、ここでは僕に奢らせてください。ホテルの従業員証をここにこうかざすとキャッシュレスで食券が買えるんです。」

「ありがとう。ではお言葉に甘えて。でもまあ、こんな感じで客のニーズは様々だ。ファイン・ワインにもきっとフィットするコンセプトが見つかるよ。」

辻田はそう言ってランチ定食Aのボタンを押した。今日のA定食はかつ丼だった。

第五章

数字を分解せよ

お盆シーズン直前、平日ながら家族連れのレジャー客や帰省客でごった返す東京駅の上越新幹線日本橋口改札。改札前のシアトル系コーヒーショップに花森はいる。2階から1階の改札前の広いコンコースが見渡せて、ちょっと気持ちいい。とはいえ、これから遊びにいくわけじゃない。モーニングコーヒーを飲みながら、辻田を待っているのだ。辻田は昨日から家族で軽井沢に遊びに行く予定だったのだが、仕事が終わらず、家族は一足先に軽井沢に行ってしまった。辻田も本日9：04発あさま605号で軽井沢に向かい、朝食を終えた家族と現地で合流することになっているらしい。宿泊先は、「星のや」と聞いている。この時期、一人一泊6～7万円はするはずだ。大学教授以外にコンサルティングをやっているみたいだけど、なんでそんなに羽振りがいいんだろう？自分みたいなクライアントがたくさんいるのだろうか。花森は辻田がうらやましくなった。

「やあ、お待たせ。もうコーヒーは買っちゃったんだね。じゃあ、僕も…すみません、『本日のコーヒー』、トールサイズで。」

辻田はTシャツにチノパンというラフな格好で現れた。いかにもこれからレジャーに行きますという風情だ。脇にあるキャスター付キャリーバックにはこれから数日分の着替えが入っているのだろう。

「いや、この時間帯しか空いていなくて誠に申し訳ない。出発まで1時間ある。一昨日メールしてもらった、ウエストゲートの改装計画案は見せてもらった。で、何から話そうか？」

「先生、こちらの方こそ、休暇前の貴重なお時間をいただいて恐縮です。本当はお盆明けにお話をさせていただければと思っていたのですが、お盆休みに自分の考えをまとめておいた方がいいと思い、急遽お呼び立てした次第です。で、早速なのですが、例の広告代理店が作ってきた「マンハッタン・チェルシー地区のカフェ」っていうコンセプト、どう思われますか？」

「うん。君のところのホテルが国鉄官舎跡地に建っていることと東京芸術劇場の隣に位置していることを踏まえ、ニューヨークで廃線となった鉄道軌道を活用して街の再開発を行ないアートの発信地として有名になったチェルシー地区を重ね合わせるというのは、面白い発想だとは思う。ただ、チェルシー地区を知っている、あるいはそこに憧れている日本人はそれほど多くないだろう。」

「そうなんですよ。僕も不勉強でチェルシーのことは知らなくて、インターネットでいろいろ調べちゃいました。確かにおしゃれな感じは伝わってきますし、うちのホテルの立地を踏まえた提案だとは思います。でも、そのコンセプトで集客が狙えるのか、となると自信がありません。活性化委員会の意見も、『いいと思うが、諸手をあげて賛成とまではいかない』と、煮え切らない感じです。でも、誰も、何故100%賛成できないのかの説明ができません。感覚的に、としか言えないんです。」

「この企画書によれば、新しいコンセプト導入による売上が今より約20%増えることが期待されるとなっているが、その理由は『弊社が企画したホテル内レストラン改装計画実施後の平均増加割合』だそうだ。でも、前回改装から何年も経っていたり足元の業績が低迷しているレストランほど、改装すれば何らかの集客効果が見込めるもんだ。そういう場合は、そのカンフル剤効果がどのくらい持続しそうかを推察するのも重要な判断材料だ。新しい店ができて客が一巡すると客足が遠のく、ということも珍しくないからね。」

「では、一体どうやって、この企画書の内容が実現しそうか、ひいてはこの企画を採用すべきか、を判断したらよいでしょうか？」

「これはまた、ずいぶんとストレートな質問だね。でも、その質問は誰もが悩んでいる問題でもある。一般に、何らかの投資を行なって新しいプロジェクトを行なう際に、その投資がどのくらいの経済効果をもたらすのかを予測することをフィージビリティスタディ（feasibility study）という。日本語だと事業化可能性調査とか、採算性調査、ってところかな。」

店内は少し混んできた。1～2階が吹き抜けで天井が高い空間では、人が増えてくると音が反響し、会話が少し聞き取りにくい。花森は「フィージビリティ」という単語を辻田に再確認したうえで、こんなことを訊ねた。

「すみません。話を腰を折って申し訳ないのですが、先生は何でそんなに横文字を多く使うんですか？ レブパーとか、ジョブ・ディスクリプションとか、フィージビリティスタディとか。」

「業界用語だからね。初めて接するときには日本語に訳して意味や定義を確認する必要はあるけど、横文字をそのまま使うことで海外のホテルオペレーターやホテル投資家とのコミュニケーションが取りやすいし、誤解が生じにくい。野球だって、『ストライク』『ボール』を戦時中みたいに『よし』『だめ』って言えなくはないけど、わざわざ日本語にはしないよね。別に偉そうにするために業界用語を振りかざしているわけではないよ。いずれは誰もが理解できる日本語訳が普及するか、『ジョブディスク』みたいな省略されたカタカナで日本に定着するんだろうけど、まだ定着していない概念を的確に表すにはとりあえず英語のまま使っておいた方がいい、ということだと思う。」

「そうなんですね。明治時代に福沢諭吉がeconomyを経済と訳し、その言葉の概念ごと輸入したように、先生も専門用語の日本語訳、やってくださいよ。」

「それは博士号を持つ『本当の』教授にお願いしてくれ。僕は修士しか持っていないし、アカデミックな議論には、実はあまり関心がないんだ。僕の専門は『持っている知識を如何に金儲けに使うか』だからね。さて、話を戻そう。フィージビリティスタディを行なうには大きく分けて2つの情報が必要になる。1つはそのプロジェクトが生み出す収益がどのくらいになりそうか、もう1つはそのプロジェクトを事業化するのに必要な投資額の査定だ。簡単にいうと、分子と分母を知りたいということだ。その2つがあれば、利回りが何%を知ることができる。」

辻田はそういって、さっきコーヒーと一緒にカウンターから持ってきた紙ナプキンに簡単な式を書く。

投資利回り＝収益／投資額

「今回の例でいえば、『プロジェクトが生み出す収益』とは、『新しいコンセプトのレストラン運営から生じる粗利益』から『現在のレストラン運営から生じている粗利益』を引いたものだ。例えば今のレストランが年間80百万円の粗利益を稼いでいるとする。改装後のレストランが生み出す運営粗利益が１００百万円だとすると、この店舗改装プロジェクトが生み出す追加的な収益は、１００－80＝20百万円、ということになる。１００百万円ではない。ここまではいいね？」

「はい。楽勝です。」

「それが、そうでもないんだ。僕のクラスの受講生によっては、新しいコンセプトのレストラン運営粗利益だけをもってこのプロジェクトの収益とみなしたり、『追加的な粗利益』ではなく『追加的な売上高』を元にこのプロジェクトのもたらすメリットを計ろうとする。知るべきことは、このプロジェクトによってもたらされる『追加的な粗利益』だ。それを獲得するために投資するんだからね。」

「はい。肝に銘じます。」

「次に、このプロジェクトの事業化投資額だ。ウエストゲート改装投資計画の場合、投資項目には何があるだろう？」

「えっ？レストラン改装のための工事費、だけじゃないんですか？」

「一口に改装費といっても、改装工事代金だけじゃない。インテリアデザイン料、設計料、工事監理料などもかかる。改装後に広告を打つのであれば、そのコストもカウントしなければならない。これらはまとめてソフトコスト、と言われる。目に見える資産、ハードアセットを買う費用ではないから、こう呼ばれる。これに対してハードコストも一筋縄ではいかない。改装工事代金の中には、内装工事だけではなく、ＦＦ＆Ｅ（Furniture, Fixture & Equipment）、あ、これも横文字だけど、テーブルや間仕切り板といった什器備品のことだね、それから、ＯＳ＆Ｅ（Operating Supply & Equipment）といわれる営業サプライ、例えば、テーブルクロス、ナプキンや食器なんかも含まれる。レストランのコンセプト変更に合わせてスタッフのユニフォームも一新するかもしれない。それと、忘れてはならないのは、休業中の人件費だ。」

「インテリアデザイン料なんかを改装費に含めるのはわかりますが、レストラン閉鎖中の人件費も投資額って考えるんですか？　感覚的によくわからないんですけど。」

「これに関しては考え方が２つある。ひとつは、さっき言った通り、初期投資費用としてみなす考え方、もう１つは運営経費としてプロジェクト初年度の利益から差し引く考え方だ。例えば、年間20百万円の追加的な粗利益が期待されるレストラン改装プロジェクトだが、最初の一ケ月は改装に充て、売上はなく、人件費だけが発生するとする。仮に月給30万円のスタッフが20名そのレストランに所属しているとすると、改装中の一ケ月は30万円×20人×１ケ月＝6百万円の費用だけが発生して売り上げがない。で、残りの11ケ月で追加的な粗利益20百万円×11ケ月／12ケ月＝約18百万円を稼ぐことになる。通算すると1年目の追加的な粗利益は12百万円。２年目から20百万円儲かる。

こういう考え方の方がリアルじゃないかい？」

「なるほど。投資リターンの計算って、意外と奥が深いんですね。でも、私の一番の関心事は、そもそもその生み出されるはずの追加的な粗利益20百万円をどうやって計算するか、どう信じるか、です。」

「うん。君の心配はよくわかる。想像するのが難しい数字を予想しなければならないときには、できるだけその数字を分解してみるといい。一般にフェルミ推定と呼ばれる方法だ。例えば、そうだな、ＪＲ山手線には今、何両の車両が走っていると思う？」

「えっ。なんですか、急に、その問題？ＪＲに電話して訊くんじゃだめですよね？」

「もちろん、自分で推定するんだ。」

「どのくらいかな、１０００車両？当てずっぽうですが・・・。」

「僕も正解は知らない。でも、こうやって推定する。
①まず、山手線は一周60分。
②山手線は3分ごとに電車が来る。
③ということは、20編成が一度に走っている。

④１編成は14両くらい？

⑤山手線は内回りと外回りがある。

⑥以上を合わせて考えると、20×14×２＝５６０車両、

というのが、僕の答えだ。」

「山手線って、２分毎に来ませんか？」

「もしそうなら、30×14×２＝８４０、だ。君の答はいい線いっているね。この方法のいいところは、今の会話みたいに、分解した数字の精度を上げていけば、答えの精度があがるし、答えの納得感がある、ってことだ。あ、今インターネットで調べたら、山手線は11両編成らしい。30×11×２＝６６０車両、残念ながら君の答は正解から遠くなった。」

「なるほど。私みたいに当てずっぽうだと、『違う』というツッコミも入れにくいですしね。」

「そう。そして、それと同じように、フィージビリティスタディも、できるだけ数字を分解して考える、これが基本だ。例えば、ここのコーヒーショップ、１日当りの売上はいくらかな？」

「えっと、そうですね。客単価は４００円として、席数がざっと50席？一日10回転するとすると、50席×10回転×４００円＝20万円、ってところでしょうか。」

「うん、最初の概算として悪くない。では、もう少し、精度を上げてみよう。まず、客単価だが、

ドリンクオンリーの人とフードも頼む人に分け、その比率を設定してはどうだろう。例えば、ドリンクオンリー客が３５０円で90％、フードオーダー客は６００円で10％、という具合だ。」

「そうですね、でもよく考えたら、ドリンクだけでもドリップの安いものと、フラペチーノみたいに高いものとで価格差が倍以上あります。フードを除外して考えても、客単価はもう少し上かもしれません。」

「そうだね。分解をすることによってその数字を再考するきっかけにもなる。それから、こうしてオーダーカウンターを見ていると、席に座らずにテイクアウトする人も多い。これから新幹線に乗る人が買っていく需要が結構多いのかもしれない。」

二人はしばらくオーダーカウンターの人の動きを観察する。花森が気づく。

「ああ、タンブラーを買ったり、コーヒー豆を買う人もいますね。そうか、客単価はもっと上ですね。」

「うん。まあ、こんなところでいいだろう。僕らはこのコーヒーショップのフィージビリティスタディをしにきたわけじゃない。話を君のホテルに戻そう。今度はウエストゲートの売上をブレークダウンしてみよう。一般的な手法は売上時間帯ごとの座席回転率（Turnover）、平均客単価（Average

Check）に分解する。それに席数をかければ売上高が得られる。」

「あ、確か近藤さんがあれからもう少しきれいなフォーマットのユニフォームシステムを作ってくれて、エクセルファイルをメールしてくれました。僕のiPadにそのファイルが入っているはずです。ああ、これです。何か、英語で書かれていてわかりにくいですけど。」

「ありがとう。近藤さんは、Turnover や Average Check を日本語で何と訳すのが適切なのかわからないから、英語のユニフォームシステムのテキストで使っている言葉をそのまま使ったんだろう。彼は大変な勉強家だね。さて、レストランを改装し、新しいコンセプトにするとして、どの変数が、どう動きそうかな？」

「そうですね。まず、座席数は今と同じ２６０席を予定しています。８００室を超える客室を擁していますから、朝食を摂られるお客さまの数はそれなりに多いです。朝食の着席待ち時間を作らないようにするには、経験的にこのくらいの座席数が最低限必要です。そして、回転率も１・５という想定でいいと思

All Day Dining "West Gate"

	Seats	Turnover	Avg. Check	Daily Revenue ('000)	Days	Annual Revenue ('000,000)
Breakfast	260	1.5	2,500	975	365	356
Lunch	260	0.7	1,500	273	365	100
Dinner	260	0.5	5,000	650	365	237

います。このあたりの数字はレストランコンセプトに左右されるものではないですから。」

「さすが、古巣のことはよくわかっているね。では、客単価はどうだろう。」

「どうですかね。あまり高く設定してしまうと、朝食需要が近隣の喫茶店やコンビニに逃げてしまうので、今より単価を上げるのは難しいかもしれません。ただ、金曜日・土曜日はレジャーでご宿泊される方も多く、あとそれほど多くはないですが、近隣にお住まいの方もウォークイン（walk-in：予約なしの来館）でいらっしゃいます。この辺は単価を上げる余地はあると思います。」

「うん。でもまあ、わざわざ改装投資をしてまで追求するボリュームではなさそうだね。」

「そう思います。次に、ランチですが、近隣ビジネスパーソンと近隣住民層が2大ターゲットです。辻田先生の大学は近いですが、うちのメニューでは大学生にとっては値段が高く、学生はあまり見かけません。ビジネスパーソン需要のうち、接待需要は最上階のフレンチ『ファイン・ワイン』が取り込んでいるので、『ウエストゲート』のビジネス客はポケットマネーで払う層が中心だと思います。となると単価にはシビアなので、レストランのコンセプトを変えても単価を上げるのが難しそうです。近隣住民層は主婦と年配層のグループが多いですが、こちらはどちらかというと、単価向上を狙うより、頻度向上を狙った方がいいように思います。月に一回ここで行なうランチ会を2回にしてもらうとか。そのためには、座席のレイアウトやメニューの工夫が必要だと思いますが。」

「花森君、ここまでの君の説明を聞いていると、僕がアドバイスする余地はあまりなさそうだね。レストランの客を時間帯別・セグメント別によく理解している。もちろん、アンケート調査による数字的な裏付けは必要だろうが、今回の改装計画案への回答は実は自分で持っているんじゃないか？」

「先生、そうおっしゃらず、もう少しお付き合いください。ハイライトはこれからです。実は、ランチとディナーの間の時間帯は喫茶タイムなのですが、館内にカフェラウンジ「丸池」があるので、商談や主婦同士のおしゃべり需要はそっちに流れます。今のところ、この喫茶タイムの売り上げはランチ売上の一部として計上されていますが、ウエストゲートにはあまり客がいません。でも、今回の改装を機にこの時間帯にアフタヌーンティー、三段トレイにサンドイッチやスコーンを盛って紅茶でいただく喫茶セットのことですが、そんなサービスを提供することで独立した売上時間帯を確立したいと考えていました。池袋のホテルでアフタヌーンティーを出しているところは他にないですし、立身大学や隣駅の目白学院大学の女子学生のうち比較的経済的な余裕がある層に訴求できるんじゃないかと思います。先生はどう思われますか？」

「なるほど、アイドルタイムで稼ぐようにしたい、と。いい視点だね。館内のカフェラウンジとの客の取り合い、いわゆるカニバライゼーション（cannibalization）も避けられる。でも、今提案されている、チェルシー地区のイメージとの相性はどうだろう。」

「そこなんですよ。アフタヌーンティーを売るんであれば、アメリカンではなく、ブリティッシュなイメージが大切ですよね。」

「そうだね。ここでひとつ重要なことを訊こう。そもそも、今回の企画提案はどうやって広告代理店に発注された？」

「はい。まず、きっかけは活性化委員会での私の発言です。ウエストゲートはホテルエントランスに近く、ホテルの顔なはずなのに前回の改装から10年も経っていて古臭い印象があります。中庭に竹林を配置して「和」のテイストを醸し出していますが、いまやそれを愛でるインバウンド客は少ないです。最上階のフレンチの売り上げをあげるより、地上階の売り上げを増やす方が簡単だし、特にアイドルタイムを活用する余地が多そうだ、ということになりました。で、最上階改装のときにお世話になった広告代理店がうちのホテルの事情を良くわかっているだろうということで、村上料飲支配人がお声がけをし、あの企画書がでてきた、というわけです。」

「なるほど。で、広告代理店に依頼をした際のデザインブリーフ、もしくはＲＦＰはあるかな？」

「また、英語ですね。なんですか、それは？　多分、正式な依頼書が作られたわけではなく、村上さんが口頭で依頼したんだと思いますが…。」

「多分、そういうことだろうと思った。日本の会社はデザインブリーフ、すなわちコンセプトデザインを立案するにあたっての要件を書き出したもの、を作ることが少ない。コンセプト立案を一から業者に丸投げする悪い癖がある。例えば、著名な建築家を雇えば、それで終わり、あとは『センセイ』にお任せする、みたいな。欧米のプロフェッショナルなホテル会社は違う。例えば『ウエストゲート』の改装計画であれば、改装目的、これはアイドルタイムの活用を含めた売上増加だね、物理的要件、例えば改装中でもロビーへの客動線を阻害しないでほしいとか、ポジショニング要件、カフェラウンジ『丸池』と客を取り合わないようにするとか、予算要件、改装予算はいくらでどの程度のリターンを期待しているのか、といったことを与件として書き出して企画提案者に渡しておくことが重要だ。今回は一社にしか声をかけていないみたいだが、複数の業者に声をかける場合には与件を揃えておかないとどちらを選ぶかの公平な比較・検討ができない。RFPはRequest For Proposalの略で、提案提出要請書、ってところかな。もっと広い意味で使うけど、今回の改装計画ではRFPにデザインブリーフがくっついている、というのがあるべき姿だ。」

「そうか。我々の考えていることがきちんと代理店に伝わっていないから、微妙にずれた提案ができたんですね。」

「おそらく。でも、この企画書はアイドルタイム活用のためにシェアオフィスのラウンジスペースのような使い方を提案している。それも一つの方法だ。以前カフェラウンジ『丸池』を拝見したけど、ガラスのテーブルが小さく、高さも低く、とてもPCを広げて仕事をするような作りじゃない。従来型のビジネス客の商談はあちらでできるけど、ＰＣ利用はこちら、みたいな棲み分けも可能だろう。」

「へえ。なんか、この企画もいいように思えてきました。」

「いや、花森君のアフタヌーンティーコンセプトの方が良いと、僕は思う。」

「何故ですか？シェアオフィスのコンセプトはチェルシー地区にマッチしますし、確かにミーティングアポの合間にＰＣを使う需要はありそうなんですけど。」

「ああ、いけない。僕はコンサルティングをしない約束だった。あくまでもフレームワークの説明とその活用方法のコーチングが僕の業務範囲だ。」

「先生、そんなことおっしゃらずに・・・。コーヒーのおかわりは如何ですか？私が買ってまいります。」

花森は必死で食らいつく。せっかく辻田の考え方を聞くチャンスを逃してはならない。

「うーん。じゃあ、キャラメルマキアートフラペチーノで手を打とう。少し脳に糖分を届けたいし、夏だし。しかし、僕はなんてダメな人間なんだ。自分を安売りするなんて、自分にビジネスコンサルティングしないといけないな。あ、君がコーヒーを買っている時間も今回のミーティング時間に含まれているからね。僕は新幹線に乗るまであと23分しかない。」

花森は「わかってます」と言いながらオーダーカウンターに走る。幸い、カウンターでは一時的に客足が途絶えており、ほどなく辻田のフラペチーノが届けられた。辻田はトッピングのクリームをストローで器用にすくい、なめながら話を続けた。

「シェアオフィスラウンジコンセプトに反対する理由は二つ。一つは、君のホテルのミクロ立地だ。池袋駅西口繁華街の南端にある。そこは、ちょっと時間に余裕ができたビジネスパーソンがA地点からB地点に移動する際の動線上にはない可能性が高い。そもそも池袋駅西口には大きなオフィスビルが少なく、PCを携えたビジネスパーソンがうろうろしている可能性も低い。駅から近いのは間違いないが、利用者はラウンジ利用のために自分の移動ルートを外れ、わざわざここまで歩いて来ることになる。それと、もう一つの理由はその動線上には既にたくさんの喫茶店やカフェがあり、そのビジネスパーソンはホテルにたどり着く前にそれらに吸い込まれる可能性が高い。彼らがホテルまでたどり着くには、近隣の競合喫茶店に立ち寄らせないような魅力が必要だ。でも、ホテルのレストランである以上、低価格で勝負することはできない。とすると、Wi-Fi接続スピードの速さ？ビデオ会議に参加できるブース？作業効率を高める外部接続スクリーン？といった、高付加価値での勝負が考えられるが、それではレストラン本来の雰囲気を阻害してしまう。シェアオフィスコンセプトで客を呼ぶことは悪いアイデアではないが、オールデイダイニングとの親和性が低いように思う。」

「なるほど。」

「ちなみに、君は西口再開発計画のことは知っているね？芸術劇場の前のあたりが大きく再開発される計画がある。そこに何ができるか次第だけど、大型オフィスビルができるのは間違いない。そうなったときには、シェアオフィスコンセプトが活きるようになるかもしれない。まだだいぶ先の話だけどね。」

「それはまた、次回の改装の時に考えればいいってことですね。」

「そうだね。それに対し、アフタヌーンティーはわざわざ行く場所で構わないし、競合するホテルも少ない。池袋という立地でアフタヌーンティーを楽しみたい需要がどのくらいあるのか僕にはさっぱりわからないが、フードも出すという点でホテルのレストランらしい企画だ。自分の会社のリソースを再確認し、その比較優位に従って企画を立てる、マーケティング論的には王道の考え方だと思う。」

「ありがとうございます。代理店には我々の考えを伝え、企画の軌道修正ができないか、相談してみます。」

「そうだね。それがよさそうだ。さて、話を売上時間帯別売上ブレークダウン分析に戻そう。おさらいすると、朝食とランチは改装に関わらずそれほど売上は増えない。喫茶タイムは売り上げを増やせる可能性がある。ディナーはどうだろう。」

「正直、自信がないです。うちのホテルに限った話ではないですが、ディナーをわざわざホテル内オールデイダイニングで食べる需要は限られており、ちょっとコンセプトを変えたくらいでは需要が増えるとは思えません。」

「うん。スペシャリティレストランでは訪問意欲をそそるコンセプト・メニュー設定で需要を喚起することができるけど、オールデイダイニングではそれは難しいね。チェーンホテルの場合には姉妹ホテルの存在を活用して、例えば札幌のホテルのシェフが監修した『北海道シーフードフェア』みたいなものを企画しやすいけど、君のような単館ホテルではそれがしにくい。でも、駅前の東武百貨店の催し物企画と連動させる、っていう手もある。オールデイダイニングは強力な個性を持たせるより、期間限定の企画でどんな色にも染まれる方が、来店理由をより作りやすいものなのかもしれない。」

「なるほど、なんとなく話の方向性が見えてきました。何か特定のコンセプトを強く打ち出すための投資は控え、でも古臭い印象は払しょくし、ビュッフェフェアでいろいろな企画が開催できるフレキシビリティをもったレイアウトにする、って感じでしょうか？」

「悪くないアイデアだ。それがまさにデザインブリーフに載せるべき内容だよ。もちろん、君の独りよがりになってはいけない。活性化委員会にも諮る必要があるだろうし、レストラン利用客へのアンケート実施もしくはフォーカスグループインタビューなどをした方がいい。それと…」

辻田は紙ナプキンでテーブルのうえを拭き始めた。店を出る準備を始めたようだ。

「アフタヌーンティーを提供するのであれば、実際に別のホテルでのアフタヌーンティーを経験してみるといい。客が何人組で何組入り、どんな客層なのか、よくわかる。もちろん、立地特性を考慮しないと、そのホテルのゲストミックスがそのまま君のホテルに当てはまるとは限らないけれど。」

「先生、そうですね。新人の頃、とにかくロビーウォッチをしろ、と指導されました。どんな客が何時ごろ到着するのか、平日と休日でチェックイン・アウトの忙しい時間帯がどう変わるのか、肌で感じたことを覚えています。」

「それはいいことだ。だけど、ただ漠然とロビーウォッチをしていてはもったいない。客層だけでなく、需要量や客単価といったKPIの君なりのベンチマークを持つことだ。フィージビリティスタディをする際、喫茶タイムの座席稼働率と客単価の欄を埋めるのにきっと役に立つ。数字の根拠を求められた場合でも、少なくとも君自身の経験値として説明をすることができる。コンサルタントのやることも基本的に変わりはない。ただ、コンサルタントの場合は、そのベンチマークになるサンプルホテル数が多く、場合によっては平均値で語れるほど情報量を蓄積している、という点が違うだけだ。」

「よくわかりました。ところで先生、これから『星のや軽井沢』に行くんですよね？ 豪勢ですね。」

「うん、いつもは海外旅行するんだけど、今年は忙しくて海外に行く暇がなくてね。代わりに国内リゾートで羽を伸ばすことにした。今日の話題からはそれるけど、こういうのを代替需要、っていうんだ。普通の国内旅行より予算が多いけど、期待する満足度レベルも高い。国内のリゾートも徐々に海外に見劣りしない経験を提供できるところが増えてきたよね。」

なるほど。シチュエーションによっては、通常の国内旅行予算より多い予算を国内旅行で使うということもあるわけか。うちもそういう需要を取り込めるホテルにしたいな、と花森は考える。

「で、花森君は夏休みはどうするの？お盆に丹波には帰らないの？」

「はい。例年お盆のシーズンは都内のホテルは割と暇なのでこの時期に里帰りをしていたのですが、今年は諦めます。タイムリミットがある中で成果を出さなければいけないプロジェクトのリーダーなので。」

「そうか。じゃあ、体調に気を付けてがんばりなさい。ちなみに、君のつくったプロジェクト管理表には『お盆』や『年末年始』の連休はきちんと入力しているかい？仮に君自身は休暇返上で働くつもりでも、他のプロジェクトメンバーや外部のアドバイザーは必ずしもそうじゃない。大型連休はプロジェクト進捗に影響を及ぼすから、管理表に入れておいた方がいい。」

「なるほど。そうですね。ホテルの現場にいると、人が足りないとわかればすぐシフトにはいっちゃうので、「休暇週間」なんて概念、あまり持ち合わせていませんでした。」

「そうだね。今は現場を預かる部署じゃないんだし、プロジェクトリーダーが疲弊していては長丁場は持たない。短い休暇でも取って、近場にリフレッシュにいくもの大事だよ。では、僕はこれで」

辻田は1階コンコースに降りるエスカレーターを降りて行った。一仕事終えてもまだ朝9時前。この足でここから徒歩1分のシャンパレスホテルのアフタヌーンティー体験に行くには早過ぎるし、男一人で行くのも妙だ。花森はホテルの経営企画室に電話をかける。8月1日付で異動してきた、唯一の部下が電話に出るはずだ。二つ目のコールで応答する。いつもながら、仕事がきびきびしている。

「はい、ホテルメガロポリス東京、経営企画室です。」

森本玲奈だ。財津総支配人が各支配人に声をかけ、花森の部下を募集させたところ、自ら手を上げてきた。

「ああ、森本、花森だ。今、辻田先生とのミーティングが終わったところ。先生から勧められてね、今日の午後、アフタヌーンティーの体験に行くことにした。うちのホテルに比較的条件が近いところで2名分、午後3時から予約しておいてくれるかな。」

電話の向こうで歓声があがった。花森は、今年の夏は夏休みを取らなくてもがんばれそうな気がした。

第六章

営業予算の使い方

まだ残暑が残る9月の午前10時。花森はホテル地下一階の大会議室で、月例マーケティング会議に出席していた。ホテルの地下は冷房が効いており、窓もないことから、まったく季節感はない。会議の主催者は7月からマーケティング支配人に着任した阿部まりあ。着任挨拶のとき、花森はすぐに思い出した。昨年末、花森が辻田と『ウエストゲート』で15年ぶりの再会を果たしたときに辻田が一緒にいた女性だった。

阿部と花森は同世代だが、経歴はだいぶ異なる。阿部は4年制大学進学の時点で米国に留学し、マーケティングを学んだ。辻田いわく、修士課程で留学するより、4年制大学の学部生として留学する方がずっと大変らしい。修士課程は専門分野しか勉強しなくていいが、学部では一般教養も英語で学ぶ必要がある。特に、日本における日本史に相当する米国史は大変だ。日本だと2000年分を長く薄く勉強するが、米国史は200年分しかなく、しかも比較的最近のことなので史料も多い。相当細かい史実の勉強が必要になるらしい。なるほど、語学以外の大変さがあるんだと、花森は妙に感心した。そういえば、日本語はひらがな・カタカナ・漢字の3種類の文字を使い分けるが、そんな言語は他にないそうだ。日本に留学してくる学生にも頭が下がる。外国語ができない花森にとって、阿部はまさに別世界の人間で、文字通りまぶしく映った。彼女がスーツ姿で経営企画室に着任挨拶に来た時、地下一階のバックオフィスの照明が少し明るくなったんじゃないかと思ったほどだ。


「花森さん、お久しぶり。ウエストゲートでお会いした時のこと、覚えていらっしゃる？」

「もちろんです。辻田先生とご一緒でしたね。先生から伺いました。アメリカの大学の同窓だそうで。」

「そう。でも辻田先生は大先輩。しかもあっちはマスター（修士）。同窓なんて恐れ多いわ。でも、留学するときも、帰国したときも、そして今回の転職のときも、先生の好意に甘えて相談にのっていただいた。結果的に先生がアドバイザーになっているホテルで働けるなんて、光栄だわ。それより、あのときは花森さんの所作にちょっとびっくりした。だって、あんな大きな声でお客様の名前を呼ぶんだもの。もし『人目を忍ぶ』カップルだったらどうするつもりだったの？」


そう言い残し、阿部はふふっと笑いながら、隣の部署、財務部の近藤の方に移り、挨拶を始めた。

花森は、今更ながら自分の所作が間違っていたことに気がつき、顔が火照った。そうだ、ホテルのレストランには名前を明かされたくない客だって来る。ホテル業界で働くのが初めてと言っていた阿部にそんな指摘を受けるなんて、いや、指摘を受けるまで問題に気付かなかったなんて、まだまだ自分はダメだ。経営改善なんて偉そうなことを言っているけど、ホテルパーソンとしての基本動作をもう一度確認しなければ。「おもてなし」とは相手がうれしいと思うことをするだけじゃない、相手がしてほしくないことをさりげなく理解してあげることも大切だ。確か、週刊ホテルレストランの巻頭インタビュー記事でどこかのＧＭが言っていた。そのとおりだな、花森は思う。

辻田によると、阿部はその英語力を生かし、アメリカの大学を卒業後は日本のアパレルメーカーに就職、海外向けマーケティングを担当していた。しかし、そのメーカーが昨年倒産し、あのとき辻田は阿部の再就職先の相談にのってあげていたのだそうだ。あの段階では辻田はこのホテルと何の関係もなかったが、阿部はホテルメガロポリスを就職先の候補のひとつに入れていたらしく、辻田の職場が近いこともあり、視察方々ウエストゲートでミーティングを持ったということらしい。

「…。ということで、８月のお盆の時期に掲載した池袋駅構内の『メガロポリス再発見キャンペーン』ポスターは、通行客の約72％が認知したとのアンケート調査結果が出ました。ＪＲ東日本、東京メトロ、そして東武鉄道の協力を得た今回の企画は、まずは成功裡に終了したと言えます。更に重要なことは、同時期の当ホテル来館者宛アンケートの結果、実に約79％のお客様が駅構内のポスターを認知していたと回答しており、ホテルへの集客に一定の効果があったと考えられます。」

阿部の説明は流れるようで無駄がなく、一方で辻田が以前指摘していた、「原因と結果」に対する統計的な分析を行なっているようだ。花森は「やはり留学経験者は違う」、と感心した。前任の営業支配人は「先方担当者と飲みながら懐に飛び込み、仕事を取って来る」という、いわゆるコテコテの営業マンだったのと大違いだ。彼女の説明を１００％理解している会議出席者がどれだけいるかわからないが、前よりはよくなりそうだとの期待感は高まる。同席した財津総支配人も腕組みしながら、うんうん、うなずいている。ただ、このホテルは営業費に年間3億円以上使っている。ホテル全体の収益力強化のためには、例え営業費であってもこの予算を見直すなり、より売上に直結するようなマーケティング活動に予算を振り向けるなり、何らかの改善をしなければならないのではないかと思う。かっこいい言葉で言うと、聖域なき改革ってやつだ。しかし、花森の営業経験といったら、駅前のティッシュ配りとか、ＤＭの発送とか、およそ昭和の時代から行なわれてきているとばかり。まったく論理的ではない。どうやってマーケティング活動の効率性を分析すべきなのか、検討の切り口すらわからない。もしかしたら、本当に効率よくマーケティングできていて、改革など必要ないのかもしれない。ここはやはり、辻田教授に相談せねばなるまい。

「花森さん、p値って何ですか？」

先月、経営企画室に異動してきた森本玲奈はさっそくホテル活性化委員会のメンバーになり、更に今月から月例マーケティング会議にも出席が認められた。昨年4月の新入社員としては異例の扱いである。流石に大きな会議では質問はしにくいらしく、会議が終わるや否や花森に小声で質問してきた。

「何言ってるんですか、ほら、ここにP＝0・039って書いてあります。」

「何？ ピーチ？ 桃のピーチ？」

確かに、配られた資料には、来館客ポスター認知度の効果測定分析のところで脚注に『有意水準を0・05とすると、P＜0・05なので統計的有意が認められる』と書いてある。

「私、数学が苦手で、大学で統計学取らなかったんですよ。これ、統計用語ですよね？」

「森本、僕が統計学得意そうに見えるか？ 見えないよね。でも、大丈夫。今日午後5時に立身大学の辻田先生のアポを取ってある。紹介するから、一緒に行こう。君もキャンパスに戻るの、懐かしいだろう？」

「私のいた観光学部は埼玉県新座市にキャンパスがあったんで、ここの池袋キャンパスはあんまり懐かしくないです。でも、キャンパスの研究室で大学教授にお会いできるのはワクワクします。私たち社会人にとって、ちょっとした非日常ですよね、キャンパスって。」

そうかもしれない、と花森は考える。自分が職場として働いているこのホテルは、自分にとっては非日常どころか、日常そのものだ。午後のアイドルタイムにカフェラウンジ『丸池』でエンドレスに会話を続けるおば様方にとっても、日常の一コマだろう。でも、客によっては違う。ウエディングカップルにとっては一生に一度の非日常でなければならないし、海外から日本に遊びに来たレジャー客にとってはこのホテルは日本観光の拠点という非日常体験の要にならなければいけない。どうやったらその非日常感を売り物にし、集客を増やし、収益を上げることができるだろう。花森は考えかけて、やめた。今日はとにかく、営業費とその使い方だ。

＊　＊　＊　＊　＊

結論から言うと、森本の久し振りのキャンパス訪問という非日常体験は延期された。昼頃、辻田から花森宛に連絡があり、辻田の急用で午後5時のミーティングがキャンセルとなってしまったのだ。その代わり、午後7時から飲みながら話そう、ということになった。飲みながらだと辻田の助言を全て理解しノートに記録しきれるか不安がないわけではなかったが、今や有能な部下もいる。二人なら聞き漏らす心配は少ないだろう。花森は2名で参加する旨伝え、「飲み会ミーティング」を応諾した。一方、辻田と時間制限なく話ができるのは願ってもない機会で、花森自身の勉強に大いに役立ちそうだ。それに、異動してきた森本を一対一で飲みに誘うのはコンプライアンス上ためらわれたが、辻田同席であれば堂々と誘えるし、飲み代も経費で落とせる。いいことづくめだ。本心かどうかはともかく、森本が「おじさんの世界」に興味を示し、二つ返事で参加してくれることになったのは言うまでもない。

辻田が指定したお店は新宿・荒木町にあった。そこに行きつけの店があるらしい。新宿といっても、都庁のある高層ビル群のある西新宿や新宿ゴールデン街で知られる歌舞伎町からは離れており、まわりはマンションや中小オフィスビルが混在するちょっと不思議なエリアだ。元々は松平摂津守の屋敷跡で、戦時中の東京大空襲による被災をはさみ明治から昭和40年代まで花街として栄えたそうだ。今はところどころに石畳が残る昭和中期の風情と、入りくんだ道路にへばりつくように建っている再開発から忘れ去られた店舗達が、街に独特の雰囲気を醸し出している。森本はもちろん、花森も初めて足を踏み入れるこの「昭和レトロのテーマパーク」には、いささか緊張する。「なんだか、『千と千尋の神隠し』みたい」と森本。「車力門通り」という、いかにも風情のある名前の通りの一番奥、道が細くなり右に折れ、石畳の坂となって少し下ったあたりに、その店「藤通」はあった。のれんに書いてあるこの店名はなんて読むのかよくわからない。一見客ではとても開ける勇気が起きそうもない引き戸を開けると、10～12人が座れるコの字型のカウンターがあり、カウンターの中には女将がいた。女将の「いらっしゃいませ」の声よりも早く、奥のカウンターの角に座っている辻田が手を振って二人を招き入れた。辻田の左隣の2席以外は既に満席。但し、席の間隔は広く、皆静かに会話と料理、そして酒を楽しんでおり、客層の品の良さがわかる。たぶん、客単価も高い、と花森は踏んだ。店の外側からはよくわからなかったが、内装は比較的新しく、でも昭和レトロの味付けを忘れていなかった。木製食器棚の天板上には真空管ラジオ風のスピーカーが置いてあり、でもそこからは昭和歌謡ではなく、オールドジャズが流れている。いい雰囲気だ。

「こっち、こっち。」

「先生、随分とディープな街をご存知なんですね。森本と二人でちょっとしたタイムスリップを楽しんできました。」

「うん、神楽坂は外国人にも大人気なんだけど、ここ四谷荒木町はまだ日本人が圧倒的に多いから僕はこっちの方が好きかな。ところで、今日はすまなかったね。基本的にはアポはリスケしないのが僕のモットーなんだが、ちょっと出先のクライアントミーティングでトラブルが発生してしまった。ここまでお呼び立てしてしまい、申し訳ない。ここは人気店で当日席が取れることはあまりないのだけれど、実はここも今日、急なキャンセルが出たそうだ。ホテルと違ってレストランはオーバーブッキングができない。急なキャンセルを埋められるかどうかはお店の収益性に大きな影響を与える。店としては急なキャンセルを埋める客が欲しい。馴染み客がダメ元で当日電話するのもそういう機会を狙っているからだし、実際、今日みたいにラッキーなこともある。最近では高級レストランの当日空き状況をまとめたサイトも登場してきているよね。」

「そうなんですね。改めまして、こんな素敵なお店にご案内いただき、また先生の夜のお時間まで頂戴してしまい、誠に恐縮です。」

「まあ、堅苦しい話は抜きだ。今日は『おまかせ』にしているから、メニューは女将にまかせて、今日は君のホテルの話をじっくりしよう。そちらは森本さんだね、確か本学ご出身の。」

「はい。先月経営企画室に異動してきました、森本と申します。観光学部出身なので、池袋キャンパスではなかったんですが。」

「そう。そのうち研究室に遊びに来てください。お近くですし。」

辻田と森本は名刺を交換した。生湯葉刺しのお通しと瓶ビールが出され、3人は乾杯する。花森は本題に入る前に気になっていることを訊ねた。

「ところで先生、このお店の名前、『藤』に『通る』、って書いて、なんて読むんですか？『ふじみち』？『とうつう』？」

辻田は女将に目配せした。昭和的な割烹着がよく似合う少しふっくらした女将にとってはよくある質問のようで、さらりと説明する。

「『ふじつう』って読みます。この話をすると、電気メーカーの『富士通』からの脱サラですか？って言われますけど、違います。私の旧姓が藤原、ここからは見えないですけどあっちの厨房で隠れて調理をしているのが夫で大将の藤本。藤が2つで藤ツー、なんです。ダジャレですね。二人の藤に通のお客様が集まるように、という思いも込められています。」

予想外の回答に花森と森本は顔を見合わせる。辻田が解説する。

「店の名前をどうつけるかは、マーケティング上きわめて重要だ。読みにくい名前のレストランは一見客からは予約してもらいにくい。でも、小規模な店舗でクチコミを主要な販路と考えれば、名前の由来を聞いて友達に話をしたくなるようなストーリーがあるのはプラスだ。それから、僕は好きじゃないけど、むずかしいフランス語の名前をつけるフレンチのお店もあるよね。あれは店名で客を篩にかける効果がある。客層も店をつくる重要なファクターだからね。もちろん、一般的には覚えやすい名前にすることは大切だ。覚えやすいことで待ち合わせがしやすい、という利点もある。例えば、そう、君のところのカフェラウンジ、丸池も覚えやすい。もちろん、その名前の由来は知っているよね？」

花森と森本はまた見合ったが、どちらも正解を知らなそうだ。

「えっ、知らないの？　別にホテルの誰かに聞いたわけじゃないけど、たぶんこういうことだ。あのホテルがあったあたりには江戸時代に『丸池』があった。そもそも、それが池袋という地名の由来らしいよ。そういう『うんちく』が語れるストーリーはホテルのSense of Place、その場所らしさ、を表すうえでとても大事なんだ。名前の由来を質問した客にも良い印象を残す。だから、たかが店名と思わず、きちんと社員教育をしておいた方がいいよ。もっとも、それがどれだけ収益改善に貢献するかは測りにくいけど。」

「先生からうちのホテルのカフェの名前の由来を教えていただくとは、夢にも思いませんでした。」

「いや、裏をとったわけじゃないからね。誰か、ホテル開発当時のことを知っている人に訊いてみるといい。さて、確か事前のメールの質問では、今日のお題は、p値の説明と、効率的なマーケティング費の使い方とは何か、だったね。」

「はい。まず、簡単な方から。あの後、統計学の本を読んだのでなんとなくわかったのですが、p値とは『カイ二乗検定』という方法で使います。偶然にそのデータ上の差が生じたのか、対象母集団に本当にその差が生じているのかを確率で表示したもの、だそうです。p値が5％以下ということは95％以上の確率でそのデータ上の差が実際に起きている、従ってその結論は信頼していい、ということですよね。」

「そう、よくわかっているじゃない。君のホテルでは、来館客の駅構内ポスター認知度が80％くらいあったんだっけ？ その認知度は統計的にみて信頼に足る、ってことだ。」

「それはわかったんですが、なぜ、有意水準のp値は5％なんですか？ 例えば、5・1％だったら、まあまあ信頼できるデータってことになりませんか？」

「花森君、僕は経営学部の特任准教授だけど、統計学のプロじゃない。とりあえず、学術的に『こうだ』となっているルールには従っていればいいと思っている。何故5％を足切りラインにしているのかは知らない。でも、どこかに足切りラインは設けないといけないよね。僕が読んだ本では5％ルールは『慣例』だって書いてあった。まあ、僕みたいな統計の素人のいうことは信用するな。この質問は統計学を教えている先生に聞いてくれ。必要なら紹介するよ。何にでも疑問を持つことは大事だ。でも、学術的に確立していることにチャレンジする暇があったら、学術的に確立している手法を使ってまず、自分のホテルの経営課題をひとつでも多く見つけ出し、解決してくれ。それが今の君の仕事なはずだ。」

ここでこれまで黙って二人の会話を聞いていた森本が質問する。

「辻田先生、私、大学で統計学を取らなかったんですけど、何か統計学の勉強をしておいた方がいいですか？」

「うん、最低限の用語とその意味は理解しておいた方がいい。僕が入門書としておもしろいと思ったのは、東大医学部卒の先生が書いた本だ。統計学は疫学と密接に絡んでいるからね。純粋な数学者が書いた本よりよっぽどおもしろい。あとはエクセルを使って統計処理をする方法を学ぶことだね。」

「森本、僕からもお願いする。客室部の藤井さんが理系の大学出身で『エクセル・クイーン』って呼ばれている。彼女に弟子入りして、自分でエクセルの統計処理ができるようになっておいてほしい。うちのホテルの経営を科学的に変えていくにはどうやら避けて通れないみたいなんだ。」

「花森さん自身はエクセル作業を避けて通ってるみたいですけど、わかりました。がんばってみます。」

話をしているうちにお任せコースのメニューは進み、鱧の吸い物がお椀で提供された。辻田は出汁をじっくり味わい、先ほど頼んだ冷酒・山名酒造の『奥丹波』のお猪口をおいしそうに飲み干した。辻田が自分と花森が兵庫出身なので灘の酒でも選ぼうかと話をしていたところ、女将が『辻田さんは確か丹波出身でしたよね。』といって、酒瓶貯蔵庫からこの珍しい銘柄を出してきてくれた。故郷のお酒が東京で飲めるとは。ただ、こういったお店では一合いくらですか?と聞かないのが流儀である。お代はどうせ会社持ちだ。

「さて、統計の話はそのくらいにしよう。で、本題のマーケティングの費用対効果分析だが、これは難しい問題だ。工場みたいに何かをインプットしたら何かがアウトプットされる、というものじゃないからね。ただ、マーケティングにもいくつか工程がある。君のホテルがその工程のどこに問題を抱えているかを知ることで、その工程に効くマーケティングプランや予算を投入することができるようになる。フェイズ分けは有用な考え方だよ。ちょっと、単純化したフローチャートを作ってみよう。」

そういうと、辻田は鞄からノートパッドとボールペンを取り出し、何やらチャートを書き始めた。

「花森君みたいに iPad と Apple Pen に切り替えたいんだけど、なかなか面倒でね。このオールドファッションな方法で失礼するよ。さて、消費者の購買決定プロセスにはいくつかのブレークダウ

婚礼宴会マーケティングフェイズ

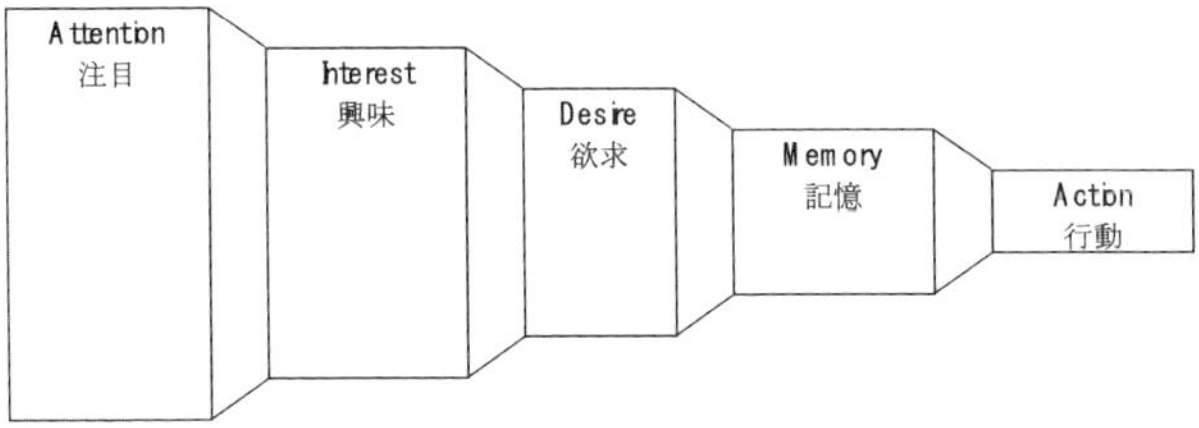

＜広告担当＞
雑誌広告
チラシ配り

＜商品企画担当＞
商品設計
イベント

＜ウエディングプランナー＞
セールススキル

＜サービススタッフ＞
良い経験

ン方法があるが、オールドファッションついでに、僕が学生の頃からあるＡＩＤＭＡモデルを使おう。そうだな、ホテルの中でもマーケティングコストがとてもかかるビジネス、婚礼宴会を例にとって説明しよう。ここでは、消費者＝これから結婚式をあげようとしているカップル、ということになる。彼らは結婚式場を選ぶとき、まず何をする、花森君？」

「結婚式場がたくさん掲載されている結婚情報誌を買いますね。インターネット全盛期にも関わらず、紙媒体強し、ってところです。いろんな付録がついているみたいですし。他には共済組合の提携している施設一覧を見るとか、知人のクチコミとか、ですかね。」

「うん、一般的には知人経由のクチコミはマーケティング上強力なツールなんだが、こと結婚式場選びにはちょっと使いづらい。何故だかわかるかい？」

「私、わかります！」

花森がまたも答えに窮していると、森本が授業中の生徒のようにすっと手を挙げて発言機会を求める。

「では、森本さん。」

「私が友達の結婚披露宴に出席して、例えそこがどんなに素晴らしかったとしても、自分の披露宴にはその子と同じ場所は選びません。だって、真似したたって思われるのが嫌だし。それに、披露宴にご招待させていただく方もその子とダブってしまい、出席者には『また同じ場所か』と思われてしまうのも申し訳ないです。」

「その通り。だから、自分の知り合いではないルートの、例えば結婚情報誌の運営サイトにあるクチコミを利用する傾向にある。消費者がその情報誌を買えば買うほど、そこに広告価値が生まれる。だからホテルとしては、そこに高額な広告費用を払わざるを得ない、というわけだ。このマーケティングフェイズのことを『Attention、注目』と呼ぶ。このフェイズではとにかくホテルの名前を知ってもらうことが重要だ。そして、このホテルでも婚礼宴会できますよ、ってことをね。」

「なるほど、そうですね。だから購読者数が圧倒的に多い結婚情報誌に広告を掲載する、と。」

「次に、余多ある結婚式場から、きみのホテルでの披露宴の良さをわかってもらう必要がある。潜在顧客に興味をもってもらうフェイズだ。これを『Interest、興味』と呼ぶ。」

「はい。ここは難しいですね。うちのホテルはさほど景色がいいわけではなく、野外型の独立チャペルもなく、施設面での特徴を打ち出すのが難しいです。駅からは近くて便利だし、料理はおいしいとは思うんですが。」

「そうだね。一方で、婚礼宴会客は宴会場所在地・グレード・挙式スタイルなどのクライテリア（選択基準）で検討する施設候補をある程度絞ってくる。少なくともその最初の絞り込みには残れるようなアピールが大切だ。例えば、施設はホテル内のものだけが勝負じゃない。卒業生だったら立身大学のチャペルで式を挙げて、ホテルで披露宴を開くということが可能だ。森本さんは是非、候補にいれておいてくださいね。」

「そうなんですね！ホテルの外の施設とコラボしていいのであれば、ホテルの隣の東京芸術劇場のパイプオルガンを使うプランも作れそうですね。」

「あの大きなコンサートホールを使わせてもらうには相当お金がかかりそうだけど、他にできない体験を提供する、という意味ではおもしろそうだね。いずれにせよ、差別化のためには『他人の褌で相撲を取る』姿勢で構わない。さて、ある程度興味を持ってもらえたら、花森君が言うおいしい料理を是非体験してほしいよね。そのための来館のきっかけを作るのがブライダルフェアだ。このフェアを使って、このホテルで挙式を挙げたいと思わせる『Desire、欲求』を持たせるようにしなければならない。フェアでコース料理を食べてもらうのもそのためだ。このDesireというフェイズはウエディングプランナーが対面でセールスするので、プランナーの力量も問われることになる。」

「わかります。婚礼宴会部では、来館客数減少もさることながら、来館した人が仮契約を結んでくれる、成約率っていうんですか、それがあがらなくて困っているみたいです。彼らが言うには、館内チャペルに魅力がないから、せっかく来館してもがっかりして帰っていくと。だから、チャペル改装の優先順位をあげてほしい、といつも言われます。」

「うーん。確かにハードウエアがある程度見栄えがするのは重要だ。でも、本当にそれだけが理由なのかは調べる必要がありそうだね。営業不振の言い訳がいつも正しいとは限らない。さて、次のフェイズは『Memory、記憶』だ。一般的な消費財の場合にはDesire欲求を引き起こした後消費活動に入るまでに間があることがある。例えば、何かのきっかけでインターネットで調べて『このレストランいいな』と思っても、その時すぐ来店予約しなければ、忘れてしまう。それを記憶させて後日呼び起こすというフェイズが必要ということだ。但し、婚礼宴会ビジネスは具体的な日取りを持って式場選びをしているはずなので、このフェイズは無視していい。いい場所が見つかったらすぐ予約したいからね。最後のフェイズが『Action、行動』、実際に予約し、式を挙げ、披露宴を行なう。客がこのフェイズまできてようやくホテルはカネを稼げるというわけだ。ここで重要なのが、出席者の『良い経験』だ。それが結婚情報サイトのクチコミを通じて『Interest、興味』に影響するからね。」

おまかせメニューは進み、焼物として但馬牛のステーキが供される。これも女将による、辻田・花森の郷土リスペクトセレクションである。森本はさっきから新しい皿が出るたびにスマートホンで写真をとり、あとでインスタグラムにアップロードすると、テンションが上がっている。但馬牛の中のエリート肉がいろいろな条件を満たしたうえで神戸牛と呼ばれ、更なるプレミアム価格で取引されるわけだが、但馬牛でも十分においしい。花森は、今度は仕事絡みじゃなくて、ちゃんと味わうために「藤通」に再訪しよう、と心に決めた。実家の両親が上京したときに連れてくるのもいいかもしれない。

「さて、マーケティングのフェイズ分けがわかったところで、このチャートのそれぞれのフェイズの面積に注目してほしい。前段のフェイズから次のフェイズに行くに従って、見込み客が脱落していく。これは致し方ない。ということは、各フェイズの担当者は与えられた見込み客の数を如何に減らさずに次のフェイズに引き継いでいくかを数値目標とすることで、一番右のカネを儲けられる『Action』までできるだけ多くの客を引き渡していくことができる。」

辻田は各フェイズの下に担当部署とその業務を簡単に書き添えた。

「そして、一番左のフェイズでは、如何に多くの見込み客から資料請求のリクエストをもらえるようにするか、が目標となる。よく婚礼宴会部全体で今年は１２０組の披露宴を獲得しましょう、的な目標設定をみるけど、それは一番右の結果しかみていない。フェイズごとにブレークダウンした数値目標を立て、どのフェイズがうまく機能していないのかを見極めるべきだ。ただ、それぞれのフェイズは独立しているわけでない。さっき説明したとおり、サービススタッフによって良い経験がもたらされなければ、クチコミを通じてネガティブな情報が伝わり資料請求数が減ってしまうし、商品設計が魅力的でなければ、仮に来館してもらっても成約率は上がらない。」

〆は、今日は鮭とほんしめじの炊き込みご飯だ。しめじのよい香りが立ち込める。森本はスマホの手を止め、深呼吸し、香りは写真に写せませんね、と笑った。３人はしばし会話を中断し、ご飯を味わう。おかわりは如何ですか、と女将が微笑みながら尋ねるのを手で制し、辻田はこう続けた。

「そして、ここが重要なんだが、マーケティング予算は何も広告掲載費やブライダルフェアにだけ使うものではないということだ。もし、ウエディングプランナーのセールススキルが弱くて成約率が低いということであれば、外部のコーチを雇用して、スキル向上を目指すべきだ。そしてそれもマーケティング予算で賄うべきだ。阿部さんは優秀なマーケッターだと思うけど、ホテル業界で働くのは初めてだ。まだホテルのオペレーションの仕組みを十分に理解しているとは言えないだろう。特に婚礼ビジネスは極めて日本的なビジネスだ。彼女のアメリカンなスタイルになじませるには少し丁寧な説明が必要だと思う。」

「先生、阿部さんがやっていることと我々の目指す経営改善には、これまで何かギャップのようなものを感じていましたが、今日の説明ですっきりしました。せっかくの逸材を活用するには、『何をどう売っているのか』についてのプロセスきちんと理解してもらう必要がある、ということですね。」

「そうだね。それともうひとつだけ注意しておきたいことがある。さっき、来館者の駅構内ポスター認知度が高い、ということで、広告投入の価値があったと判断したと言っていたけど、本当にそうかどうかは、実はわからない。統計学的には有意なデータなんだろうけど、それだけでポスターがあったから来館者が増えて売り上げがあがった、とは言えないんだ。この分析では、因果関係として、『広告を認知したから購買に至った』のか、『購買したから広告を覚えていた』のかまでは、わからない。そもそも来館を予定していた人は君のホテルの名前を知っているだろうし、構内ポスターが目に留まりやすく、記憶もしやすい。だから、広告投入効果を結論づけるには広告掲載期間中のウォークイン客が従来より多いとか、予約の電話が増えたとか、複数の指標で判断した方がいい。」

「辻田先生、よくわかりました。特に、何故有意水準を5%とするのかという問題と、出てきた数字をどう扱うか、どういう数字を把握しながら経営をすべきか、という問題が、まったく別だということもよくわかりました。で、今日はここのお代、うちのホテルで持たせてください。財津GMからもくれぐれもよろしく、と言われていますので。」

「え、そうなの。僕の都合でミーティングをここにセットしたのに、申し訳ないな。」

「とんでもないです。こちらこそ、大人の世界に誘っていただき、ありがとうございました。」

会計を済ませ3人が店を出るとき、それまで厨房にこもっていた大柄な大将も出てきて女将と一緒に引き戸の前で見送ってくれた。しばらく車力門通りを新宿通りに向かって歩くと、森本がくるっと向きを変え、辻田と花森にお辞儀をした。

「辻田先生、花森さん、今日は誘っていただきありがとうございました。私の理解では、『おもてなし』はその土地のものでもてなすものだとばかり思っていましたが、今日みたいにアウェイの地で故郷の食材をもってもてなす、っていうこともあるんですね。」

森本が何やら総括じみたことをいう。花森もその話題を引き取る。

「そうだね。お客さんのシチュエーション次第では、王道じゃないもてなし方もいろいろありそうだ。」

3人が新宿通りまで出ると、辻田はタクシーを拾い、一足先に帰途についた。花森と森本の二人は近くの東京メトロ・四谷三丁目駅まで歩くことにした。森本が独り言のようにつぶやく。

「私、子どもの頃、両親と行ったホテルのレストランで特大オムライス、っていうのを特別に頼んでもらって、大はしゃぎしたの、今でも忘れられないんです。」

「へえ。僕もそんな思い出があるな、駆け出しのホテルマンだった頃・・・。え、君、まさかホテルビクトリアパレスでご両親と誕生日ディナーに来ていたレナちゃん!?」

花森が新入社員として入社したホテルビクトリアパレスは都心から離れた場所にある独立系のホテルだった。そして、そこのメインダイニングで働いていた時のことを思い出した。ある日、予定よりも1時間も遅れてきた子連れのファミリーが7才のお嬢さんの誕生日会と称して来店し、花森はシェフと相談してサプライズで誕生日ケーキをふるまった。その子はすごく感激し、また来年もね、といってその小さな手で指切りした。でも、翌年以降、彼らはホテルに戻ってこなかった。あの家族にいったい何があったんだろうと、花森はしばらくの間気にしていた。

「花森さん、やっぱりそうですよね。私も自信なかったんです。あの時のおじさん？が花森さんだったってこと。私あのとき小さかったからうろ覚えなんですけど、接客係のネームプレートに書いてある漢字が、7歳の子でも読める花と森だったんです。」

自分は彼女が小学生から社会人になるまでのこの15年間、どれほど成長してきただろうか。あの頃のように自分の職場のホテルを、今回も救うことができるだろうか。ホテルビクトリアパレスでの思い出が急に蘇り、花森の胸の内には様々な感情が湧きあがった。森本が何か続けて話をしているようだが、花森にはまるでサイレント映画を見ているようで、何も耳に入ってこなかった。

第七章

ホテルが客を動かせ

10月は都心のホテルにとっては忙しい季節だ。ホテルの宴会場ではいろいろな会合が催されるし、隣の劇場では多くの公演があり、それを目当てに上京してくる観劇客だけではなく、出演する側のパフォーマーの宿泊も多い。東京在住の観劇客はプレシアターディナーを楽しんだり、観劇後の歓談のためにホテルに立ち寄ってくれたりする。近くの立身大学は授業のない土日にキャンパスを資格試験会場として貸し出しており、これも地方からの受験者の宿泊需要を生んでくれている。ホテルメガロポリス経営企画室の二人も経営課題の把握とその改善策立案・実行に奔走している。先日、花森は幼いころの森本玲奈にホテルのレストランで会っていたことに気が付いた。ただ、その後何故森本家がホテルを再訪しなかったのか、その話題を敢えて持ち出して聞き出す機会がないほど、花森の前にはこなさなければならない案件が山積している。ホテル存続判断のタイムリミットまであと半年しか残されていない。

そんな中、相変わらず集客に苦しんでいるホテル25階のフレンチレストラン「ファイン・ワイン・ダイニング」ではディナータイム前の午後4時、料飲支配人の村上修造と花森、それに森本が、作戦会議を始めていた。ホテル活性化委員会は着実に成果を上げ始め、客室稼働率が高いことが予想されている今月は過度なディスカウントに走らず、稼働率を少し抑えめにしてRevPARを上げる戦略が奏功しつつあった。まだレベニューマネジメントのシステムを導入したわけではないが、手動でもある程度の成果が得られれば、正式に導入する予定だ。オーバーブッキングの実施についてはまだ社内に賛否両論があり、意見集約に至っていない。ジリ貧だった婚礼宴会獲得件数はマーケティングフェイズごとの見込み客数を分析したところ、資料請求までは期待値に達していたが、来館者比率は低く、更に来館者の仮契約比率も低かった。少なくとも問題点は特定され、解決策が検討されている。少なくとも、ウエディングプランナー宛のセールススキル講習は実施されることになるだろう。

翻って、料飲部門はというと、オールデイダイニング「ウエストゲート」の改装案は振り出しに戻り、ようやく今週あたりに広告代理店からの修正提案があがってくることになっている。そして、財務部長の近藤がつくったユニフォームシステムによる疑似部門別損益計算書によれば、この「ファイン・ワイン・ダイニング」は年間40百万円近い赤字を垂れ流していることになっている。ここをどうにかしなければ、賃料支払後の黒字転換は見えてこない。村上と花森は同じ世代だが、花森にとって村上は元の上司。ウエストゲート所属時にはお世話になった相手だ。花森は丁寧に現状分析を説明する。

「それで？このレストランをつぶせばいいの？」

村上はぶっきらぼうに言う。端正な顔つきだが、怒っているのか、目つきが鋭い。花森は慌てて返答する。

「そんなけんか腰に言わなくてもいいじゃないですか。まずはここが年間40百万円近い赤字を出していて、その原因は運営費用というより売上不足にある、という分析結果をお伝えしただけです。もちろん、レストランを閉鎖してしまい、ここの従業員を他の部署に配置転換する、という選択肢もなくはないでしょう。ですが、このスペースを誰かに貸すにしても、恐らく飲食業になると思います。だったら、テナントに任せるんじゃなくて、自分たちで何とかしたいんです。25階で食事が楽しめる場所は池袋ではサンシャインシティ以外ありません。考えればきっと捉えるべき客層が見えてくると思います。」

「僕も料飲支配人就任時に客層の転換、いわゆるリポジショニングを考えた。以前は正統派のクラシックなフレンチだったけど、顧客の高齢化が進み、客数減少に歯止めがかからなかった。そこで、客単価を少し下げてでも若者を取り込むべく、このファイン・ワイン・ダイニングのカジュアルなコンセプトに行きついたんだ。でも、客数は思ったより増えてきていない。やっぱりフレンチは敷居が高いのかな。少しカジュアルにしたとはいえディナーの客単価は1万円、高いよね。池袋の客層と合っていないのかもしれない。」

「で、ご相談なんですが、このレストランの一角を夕方4時から6時までと、朝7時から10時まで、貸していただけませんか?」

「貸すって、誰に? 予約したい日はいつ?」

「貸す先は客室部、予約日はずっと、です。」

「はぁ? どういう意味?」

「ご存知のようにうちのホテルにはクラブラウンジというコンセプトがなく、VIPの宿泊客も一様にオールデイダイニングの『ウエストゲート』か、和食『武蔵野』で朝食を摂られます。で、客室単価向上のためにはクラブフロアをつくり、そのフロアのゲストには専用ラウンジで朝食を提供したい、というアイデアが出ています。でも、残念ながら今うちのホテルには一からクラブラウンジを作る改装工事を行なう時間も予算もありません。で、考えたんです。恒久的なクラブラウンジは作れないけど、時間貸し対応でやってみてはどうか、と。クラブラウンジに期待されるのは朝食提供とイブニングカクテル提供がメインです。だったら、どうせ『ファイン・ワイン・ダイニング』が空いている時間だし、使わせてもらえないか、と言うわけです。最近のラウンジはホットフードを出すことが期待されていて、ここの厨房が使えるのもプラスです。もちろん、クラブラウンジとしてはアイドルタイムの軽食提供や夜のカクテルアワーなんかもあった方がいいんですが、割り切りの問題です。他のホテルよりもクラブフロア料金のプレミアム価格を安く抑えれば文句はないでしょう。」

「なるほど。それは面白い考えだね。クラブラウンジにするにはコンシェルジェデスクを設けないといけないが、このレストランはなにしろ有り余るスペースがある。クラブラウンジコーナーとダイニングコーナーに分けて、クラブラウンジコーナーはクラブラウンジとして使っていないときにはレストランのバーコーナーとして使うといいかもしれない。おもしろいね、そのアイデア。花森が考えたの？」

「はい。でもヒントはうちのホテルのアドバイザーをやっている立身大学の辻田教授にいただきました。何事もブレークダウンして考えろ、と。で、レストランごとの営業時間帯のブレークダウンをしたら、クラブラウンジのコアになる営業時間とこのレストランの閉鎖されている時間帯のマッチング案が浮かんできたというわけです。それと、ここにいる森本からもヒントをもらいました。」

「え、私、何か花森さんに言いましたっけ？」

「うん。『25階からの眺めは良いのかもしれないけど、超高層ってわけでもないし、行ってみるまで何が見えるかよくわからない。わざわざ高層階のレストランにエレベーターで上がっていくの、面倒くさくないですか？』って言ってた。」

「え、そんな失礼なこと、私、言いました？」


森本は村上の顔色をうかがう。意外なことに、村上の表情は穏やかになっていた。穏やか、というより、興味をたたえた顔つきになってきている。行き詰まっていたこのレストランの改革案が思わぬ形で方向性を持ち、動き始めたからだ。村上自身、このレストランが儲かっていないことは理解しているし、何とかしたいと思っている。また、料理人出身ではないので、レストランの伝統がどうとか、こんな味を承継しなければいけないとか、そんなプライドも特にない。ただ、自分の管理領域をうまく管理できていない自分がふがいないと思うし、できれば他部門のマネジャーの力を借りずに改革をしたいと思っていた。でも、花森はある意味どの部門にも属さず、ホテル全体を見て改革案を提案してきている。この考え方は新しい、と思った。

「わかったよ。宿泊客なら館内エレベーターに乗るの、面倒だと思わないもんな。こっちから客を動かす、というわけだ。ここからの朝の眺めはいいだろうな。考えてみると、もったいないよね、誰もその景色を見ていないなんて。問題は夕方だ。午後6時までクラブラウンジに貸してしまうとプレシアターディナーが出せなくなる問題があるが、レイアウトを二分割すれば対応できるだろう。プレシアターの席数はそれほど多くはいらないし。だけど、必要な改装費はそっちで持てよ。ただでさえ赤字のレストランにこれ以上の負担を強いるわけにはいかない。」

「はい。改装費についてはGMに相談中です。今年宴会場のカーペット張り替え用にとってあった予算を振り向けられないかと・・・。宴会部はもちろん怒ってますが、ホテル全体の収支を考えると、このレストランの改革に優先順位があるので、なんとかなると思います。」

「そうか。ありがとう。それで、さっきの森本の発言なんだけど・・・」

「え、すみません。エレベーターに乗るのなんて、そんな面倒じゃないですよね。」

「そうじゃない。このホテルは確かにエレベーターに乗ってこないと来られない。しかも、高層階に上がるエレベーターホールはエントランスから遠い館内中央にある。宿泊客のプライバシーを考えれば、そのロケーションは当然なんだけど、見つけにくいよね。だからウォークイン客がほとんどいないんだ。これは相当なハンディキャップだ。もちろん、ウォークイン客には高単価メニューは期待していないけど、ボリュームを稼ぐには新規客を取り込みたい。常連客は意外といい眺めで穴場だといってくれるんだから、売り物にはなるはずだ。」

「地上からウォークイン客をこの階まで吸い上げるには、どんな景色が見えるのかをきちんと事前に伝えないといけないですね。でも、村上さん、ファイン・ワインのホームページでは、料理長のコメントとして、コンセプトがモダンフレンチに一新されたこと、フードクオリティは従来同様高いこと、ワインが気兼ねなく楽しめること、が掲載されているけど、眺望については触れていないし、窓からの眺めの写真は掲載されていないようです。それと、店舗紹介文で少しだけ触れている西側の富士山ビューですが、日没後のディナーの時間には見えません。」

「なるほど。客目線で知りたいことが書かれていない、ということだな。何がアピールポイントになるかをまとめるよ。ホームページ制作はアベマリア様のところにお願いしなきゃな。」

新マーケティング支配人の阿部は社内でマリア様と呼ばれている。いかにも「できる女」風なスーツ姿や振舞い、アメリカ仕込みのスキルや語学力などから、ホテルスタッフは彼女に少し近寄りがたい雰囲気を感じ、それがこのあだ名になったようだ。もっとも、まりあは阿部のファーストネームだから、あだ名ではなくて、本名なのだが。

ファイン・ワイン・ダイニングの二毛作提案が奏功し、村上の協力も取り付けられることになった。しかし、花森と森本はミーティングを終え、意気揚々とエレベーターホールに向かおうと歩き出した。しかし、森本が突然立ち止まり、こんなことを言い出した。

「あの、村上さん。このレストランのターゲット客は若手だって言っておられましたが、具体的にはどんな方々なんですか？　立身大学の学生とか来ます？」

「森本、学生には無理だ。ディナーの客単価1万円だぞ。」

花森は話を早く終わらせようとツッコミを入れる。これから、辻田のところに会いにいくアポがある。それまでに今日の話を整理しておきたい。だが、村上は話を引き取り、丁寧に答え始めた。

「立身大学かどうかわからないが、学生と思われる客もたまにはいる。そりゃ、デートだとか、奮発する女子会とか、ファインダイニング需要は少しはあるよね。それと、客単価1万円って言っても、実は5500円のコースにワンドリンクをつけて出来上がり8000円代になる層と、コースが1万円でワインを堪能する、出来上がり1万5000円代の層の2つに分かれている状態だ。8000円くらいだと学生の守備範囲に入って来るかな？」

「村上さん、その下の方の層、もっと安くなりませんか？　どうせすいているんだし。実は、大学生のニーズも様々で、もちろん普段は如何に安くお腹いっぱいになって安く酔えるか、が大事なんでしょうけど、ゼミの後に例えば10人プラス指導教官で飲みながら話そうということになると、意外と入れる場所が限られます。新しくできるクラブラウンジコーナーを、そういう需要に貸してもらえないですかね。居酒屋のようなうるさい場所じゃなくて、大人数がひとまとまりで話せるスペースが大事なんです。食事は豪華なものは要りません。でも、ちょっと気が利いたメニューだとか、安いけどおいしいワインが飲めるとかがあると、街場のお店と差別化できます。そういう学生グループはもともとあまり大騒ぎしないでしょうけど、レイアウトをきちんと分けることで、落ち着いた雰囲気を求めるファインダイニング客にも悪影響を与えないかと。そもそも、この西側の眺望、立身大学池袋キャンパスが一望できるから、立身生や大学の先生にも受けると思うなぁ。」

「もう、そうなってくると、もはや『ファイン・ワイン・ダイニング』の一部を時間貸しするんじゃなくて、ファインダイニングとラウンジスペースの2分割にする、ってことだな。でも、重要なのは一席当りの売上を増やすこと。正直言って、正統派フレンチレストランだけでこの席数を埋めるのは無理だ。そのアイデア、検討させてもらうよ。でもひとつ質問いいか？　そういう学生の需要って、事前の予約より、当日の雰囲気で生まれないか？　そうすると予約なしで来店されることになる。場合によっては、ラウンジが満席ということもありえる。高層階まで来て満席、は辛いよね？　それと、団体だと割り勘精算が面倒だ。」

「そうですね。でも、アフターゼミパックみたいなものをつくって切りのいい価格設定を行ない、ラウンジコーナーもしくは個室の場所も事前指定できるようにオンライン予約を導入すればいいと思います。オンラインの当日直前予約は全然無駄じゃありませんし、スマホでできれば面倒でもありません。来店する方としても満席で無駄足ということにならないし、例えばラウンジ個室Aの使い勝手がいいと思えば、個室A確保のために早めの予約をしてくれるようになるかもしれません。確かに客単価は稼げませんが、頭数は稼げます。何より、このホテルに足を踏み入れたことが一度もない立身大学の学生は多いはずです。将来の顧客を開拓する意味でも、『大騒ぎしない』学生を取り込む努力はあってしかるべきかと。」

「そうか。カラオケ屋と同じ要領だな。リードタイムの短い予約で部屋を売り、それにドリンクやフードの売上がついてくる、ということか。」

「村上さん、その発想、いいです。真面目なゼミだったら、PC持参でスクリーン投影ができる施設が欲しいって言うかも。カラオケボックスが昼間そういうビジネス需要を取り込んで稼いでいるわけですから、ここのラウンジ個室にもそういうAV機器があるといいです！」

話が大画面ディスプレイの話に及び、花森はまたブレーキをかける。

「森本、これ以上設備投資の話を大きくするなよ。ただでさえ今回の改装予算確保が難しい状況だ。」

「花森。心配するな、僕もさすがにこのレストランをすぐカラオケ屋にするほどの度胸はない。ステップ・バイ・ステップで進めていくよ。」

村上は笑った。少なくとも村上はこの計画案に乗ってくれる。今日の一歩は大きい、と花森は思った。

＊　＊　＊　＊　＊

その一時間後、花森と森本は辻田准教授の研究室にいた。森本が気を利かせて、ウエストゲートの外販カウンターで売っているフィナンシェの小箱と、人数分のホットコーヒーを持参してきた。

「森本さんは気が利くね。さすがホテルウーマンだ。」

辻田は上機嫌だ。花森がすねる。

「先生、これまで気が利かなくてすみませんでした。私もホテルマンなんですけど。」

「冗談、冗談。さて、今日のテーマは、ああ、これまでの状況報告と、朝食時間帯の着席待ち問題、だったね？　話題が個別具体的に細かくなってきた。いろいろな経営課題が具体的にわかってきているということで、いい傾向だね。」

「はい。しかも、朝食の待ち時間問題は、実は客室部門業績の好転も影響しています。ちょっとおさらいしますと、うちのホテルの客室数は816。一室当り平均宿泊者人数、いわゆる同伴係数は1・3。従って、最大約1000名の方が宿泊されます。一方、オールデイダイニング『ウエストゲート』の席数は260。これに和食の『武蔵野』160席の、計420席で朝食に対応しています。宿泊客の朝食喫食率はだいたい37〜38％くらいで推移していたので、これまでは朝食時間に席を取るための列ができることはまずありませんでした。」

「最大400名くらいの客が朝食をとるわけか。すごい量だ。二人掛けのテーブルに一人で座ったり、4人掛けテーブルに二人で座ることも多いから、420席のキャパシティとはいえ、ピーク時には1・5回転以上必要になるね。」

「はい。それでも、1・5回転程度であればストレスはありません。ところが、最近、いくつかのKPI（経営指標）に変化が現れました。ひとつは、朝食喫食率の上昇です。客室単価を高く維持するレートポリシーが浸透してきて逆に客室稼働率は若干の低下傾向にあります。ですが、客室単価が高い客は喫食率も高いようで、おかげさまで宿泊客の朝食利用率は増加傾向にあります。それと、国内レジャー客の比率が増えているようで、彼らは一室2名利用が多く、その分、朝食喫食需要が増えているんです。そしてもうひとつ、ウエストゲートでは朝食のウォークイン客を増やそうと近隣ビジネスマンを対象にした『パワーブレックファスト』という企画を始めました。目玉は、好きな野菜・果物をミックスしたジュースやスムージーを出すミキサーバー。たまたま伝手があって、池袋出身の歌手・山下達郎さんのご協力をいただき、彼の美声を支える『TATSURO ミックス』をシグニチャーに添えました。そうしたところ、偶然にも近隣在住の健康志向が強い富裕層にその企画が刺さり、わざわざ朝食を食べにいらっしゃる方が増えました。」

「なんだ、いいことづくめじゃないか。花森君、今日は自慢しに来たのか？」

辻田は森本持参のフィナンシェを食べながら、のんびりコーヒーを飲んでいる。

「そうじゃないんです。確かに朝食需要が増えたのはありがたいのですが、結果として宿泊客が食べたい時間に朝食を食べる、ということが難しくなってきています。特に平日はビジネス客が多く、彼らは朝食を摂るために列に並ぶなどとんでもない、と考えます。結果、朝食待ち時間のクレームが増えてきているというわけです。」

「多くのホテルはそういうとき、オールデイダイニングの脇にあるカフェラウンジを開放してオールデイダイニングのアネックスとして使うんだけど、君のところはカフェラウンジが隣り合っていなかったね。なるほど、これは問題だ。」

「はい。もうひとつ厨房を持っている中華レストラン新華楼があるにはありますが、朝食時間にもう一つのレストランを開けるために従業員のシフトを組むと結構なコストがかかりますし、中華の朝食ニーズがそんなにたくさんあるか、よくわかりません。我々は中華を朝食対応に使うのはコスト倒れになると考えています。」

「そうか。ひとつ確認だけど、大きな団体が入っている場合には宴会場のひとつをその団体専用の朝食会場にする手がある。でも、そんな団体がしょっちゅう入っているわけではない、ということかな?」

「その通りです。それと、先般ご報告したとおり、25階のフレンチレストランの一部をクラブラウンジ化する計画があり、それが実行されればＶＩＰ客の朝食需要がラウンジに流れるのでこの問題の解決に寄与するのは間違いありません。でも、計画実行にはまだ時間がかかります。それを待っていては顧客満足度が低下し、彼らの再訪・クチコミ推薦意欲が下がり、ひいてはホテルの収益が下がる可能性があります。」

「ほう。以前教えた、『サービス・プロフィットチェーン』の考え方が良く身に付いている。」

「当然ですよ。先生には高い授業料お支払いしていますから！きちんと復習しないと。」

「授業料が高いかどうかはさておき、状況は了解した。説明を続けてくれ。」

「はい。もちろん、宿泊客を優先させるためにウォークイン客の数を絞る方法もあります。ですが、せっかく開拓できた近隣客をみすみす失うのはもったいない、という意見もあり、意見が集約できていません。」

「なるほど。レストラン客が増えて問題が起きるとは、ちょっと前のホテルメガロポリスでは考えられなかったことだね。」

「はい、おかげさまで。ただ、このキャパシティ問題が起きているのは、残念ながら朝食の時間帯だけで、あとはまだ集客に苦労しています。」

「まあ、ビジネスって、だいたいそんなもんだよ。全てがうまくいくってことはない。さて、朝食待ち時間問題解決には3つのアプローチがある。1つめはキャパシティそのものを増やすこと。供給サイドをいじるということだね。でもこれは、今君が議論したとおり、現段階ではよい選択肢ではなさそうだ。いずれクラブラウンジができれば解決できるのに朝食用の座席数を増やす投資判断はしにくい。2つめは、回転率をあげること。レジャー客はゆっくり朝食を楽しみたいだろうし、ビジネス客はさっさと食べて仕事に出たい。この2つのニーズが混ざっているからオペレーションが難しくなる。例えば、着席後40分で席を立つことを条件に順番待ちの列をスキップして入店できるコーナーを設けて、そこにビジネス客を入れるというアイデアはどうだろう。そのコーナーの回転は速く、レジャー客はそんなに急ぎたくないからそちらの列には並ばない。」

森本がここで、口をはさむ。

「先生、それはアメリカのスーパーにあるExpress Laneと同じ発想ですね。この前テレビのドキュメンタリーでやっていました。購入品目数が5点までの買い物客専用のレジがあり、そこはちょっとした買い物をする人が並び、その列はどんどん客がはけていきました。一方、1週間分の買い物をまとめてする人たちは別の長い列に並び、レジの順番が来るのを辛抱強く待っていました。」

「そう。客がそのシステムに慣れて理解する必要があるところが導入上の問題点だ。」

「先生、問題はそれだけじゃないです。わたし、経営企画室に異動する前はウエストゲートの朝食のシフトにも人ってましたが、あそこは戦場です。40分をどうやって測るんでしょう？タイマーをテーブルにおいたらタイマーの時間に細工する人がでるとか、時間が来ても『ビュッフェの空になった皿のリフィルを待っていて時間はカウントされるべきではない』と主張して居座る人がでるとか、いろんな人がいろんなクレームを言う可能性があります。その対応に追われて席の案内や下膳が追い付かなくなることになったら本末転倒です。」

「なるほど。現場で働いたことがある人の意見には説得力があるね。とすると、この選択肢も取れない、と。では、3つめの選択肢しか残らない。3つめの選択肢は『客にピーク時利用を避けてもらう』というものだ。需要サイドをいじるしかない。」

花森も、森本も、辻田の意外な答えにあっけにとられる。花森が抗議する。

「先生、客がピーク時に集中して来店してクレームしてるんですよ。そこでがまんしてピークを避けていらしてください、と言っても解決策になりませんよ。」

「花森君、僕はそんなことは言っていない。客がピーク時に来店しないように『仕向ける』んだ。方法はいくつかある。ひとつめは、王道だが、チェックインのときにウエストゲートの朝食混雑時間帯をあらかじめ伝えておくこと。人は予期せず列に並ばされると頭にくるが、あらかじめ列があるとわかっているとそうでもない。人気のラーメン屋で待っている人がそうだね。むしろ、1時間も待ったのに『今日は意外と早かったね』なんて感想を持ったりする。僕にはまったく理解できないことだけど。それから、洋食でも和食でもいいと考えている客は、比較的すいている和食を選択してくれるかもしれない。和食はウォークイン客が入りやすい1階ではないしTATSUROミックスも提供していないから、今でもそれほど混んでいないね？」

森本が「そうです」と肯定しながら、こう付け加えた。

「昔見たキャビンアテンダントの映画でこんなのがありました。新米CAが機内食を配るのにビーフとシーフードを均等に配れず、列の後ろの方に着くころにはビーフが足りなくなった。そこでベテランCAは搭乗客にこう言って回ったの。『旬の具材をふんだんに使った薫り高いシーフードと、ただのビーフ、どちらになさいますか？』って。そうしたら皆さんシーフードを選ぶようになった、というわけ。宿泊客を和食に誘導するために、メニューをきちんとフロントで伝える、というアイデアもありますね。」

「うん、いい考え方だ。僕がこれまで助言してきたホテルで、ダメなホテルには共通の問題点がある。他社でうまくいった改善策、いわゆるベストプラクティスに飛びつき、それ以上考えようとせず、問題の本質を理解しようとしない。そういうホテルはコンサルタントが去ってしまうとまたいずれダメな経営に陥る。それに対して、君たちは問題を理詰めで考え、改善策を自分のホテルに適用するための努力を怠らない。とてもいい傾向だと思う。」

花森も、森本も、ほめられて悪い気はしない。確かに昔の花森だったら、セミナーで講師が説明する『正解』だけをメモしていた。でもそれでは自分のホテルの状況にあった応用をすることが難しい。逆に自分のホテルに合わない事例紹介はメモすら取らなかった。問題の本質を理詰めで分解する意義がわかってきたような気がする。

「さて、需要コントロールの解決策2つめは、客にピーク時間利用回避のインセンティブをつけてあげること。例えば、近隣のウォークイン富裕層対策としては、午前9時以降にはメニューにキヌアとかアサイーとか、僕はよく知らないけど少し高い健康食材がプラスされて提供されることを訴える。そうすることで、ピークの時間を避けて来店してもらえる。彼らはビジネスマン客と違って、急いで朝食を食べる必要がないからね。あと、ビジネス客には先着100名様には『ホットコーヒーテイクアウト』をプレゼントとかいって、早く起きて朝食を済ませるインセンティブをつけるとか。要は、顧客が自分のメリットになると判断して、結果的にピーク時利用をしなくなる方法を考え、それを周知する、というアイデアだ。」

「なるほど。ホテル側が客の行動をコントロールする、ってことですね。おもしろい考えです。」

「花森君、そのとおり。お客さまは神様であり、何でも神様の言う通り、という考えは古い。できるだけ、ホテルの意向に沿ってお客さまに動いてもらうように仕向ける、でもお客さまにとってはそれが自分の不利益にならない、という環境を作り出すことだ。」

森本は、フィナンシェとコーヒーのお土産を持参することで辻田が饒舌に経営改善アイデアを説明してくれているのもホテルによる顧客コントロールに似ているなと思ったが、口にせず、一人ほくそ笑んだ。

「そして、3つめ。朝食付き宿泊プランを選択したけれど、フルブレックファストはいらないという客も中にはいる。その人たちがコンチネンタルを食べるためだけに来店されるのもできるだけ避けたい。これも事前告知が必要だが、レストランの入り口に『Grab & Go（グラブ・アンド・ゴー）』という簡単なテイクアウトセットを用意しておく方法だ。アメリカのビジネスパーソン用ホテルでは定番だ。パン、コーヒー、それにちょっとしたフルーツくらいを紙袋に詰めて自分の部屋に持ち帰って食べてもいいし、公園に持ち出して食べてもいい。ミールクーポンと交換だ。要は混雑するレストランの店内に座らせなければいい。」

「そのGrab & Goは、お客さまが損した気分にならないですか？」

「損した気分にさせないようにテイクアウトメニューをどの程度充実させるか、は確かに難しい匙加減ではある。でも、部屋でテレビやパソコンを見ながら朝食を食べたいという需要はないわけじゃないし、そこに価値を見出す客もいる。トライして需要がないなら仕方ないが、ホテルとして追加コストがあまりかからないのであれば、試してみる価値はある。」

「よくわかりました。先生、今日の話題、『ホテルが客を動かす』っていう視点はこれまであまり目にしたことがなかったんですが、なんか面白そうなテーマです。」

「うん。人の心理を利用して人の行動を動かして経営に生かすという考え方はアカデミックな観点では比較的新しい研究領域だ。２０１７年のノーベル経済学賞を受賞したシカゴ大学リチャード・セイラー教授の専門、行動経済学が脚光を浴びたのは記憶に新しい。例えば、ラーメン屋の行列を見ると人はそこのラーメンがおいしいと判断しがちだが、その理由はラーメンの味ではなく、近隣のオフィスのランチタイムが社員一律正午からの一時間だとすると、その一時間だけ一時的に需要が溢れているだけかもしれないし、近くに他のラーメン屋がないという供給側の理由かもしれない。でも、論理的に間違っていることであっても、客が、行列＝おいしい、という数式をもっているのなら、それを使って商売ができる。アルバイトに客の振りをして行列に並ばせる、いわゆる『さくら』という方法だ。行動経済学が活用できるレストランビジネスシーンは他にもある。うなぎ屋で松・竹・梅のメニューがあると真ん中の『竹』が売れやすいと言われている。『松』は高過ぎるけど、最低ランクの『梅』だとウナギの量が少なくてがっかりするかもしれない、といった心理が働くんだろう。だとすれば、レストランで売りたいコースメニューの一つ下のコースを敢えて作ることで、売りたいコースの販売を増やすことができるかもしれない。行動経済学はこういった、『人は必ずしも合理的には行動しない』という概念から発展してきている。花森君が落第点をとりかけた一連の古典経済学では人は合理的に行動するから『神の見えざる手』がうまく働くとされてきたけど、現実はそうじゃないというわけだ。」

「先生、なんだか大学で講義を受けているようで、楽しいです。いや、東西大学の大教室での授業ははっきり言って退屈でしたが、これは面白いし、ビジネスにも役立ちそうです。行動経済学、もう少し教えていただけますか？」

「だめだ。第一に、君との契約には『講義』は提供サービスとして含まれていない。第二に、君は本学の学生ではない。もちろん、本学に入学したら、学習のお手伝いをしてあげよう。第三に、そしてこれが重要だが、僕は行動経済学の専門家ではなく、人に教えるほどの体系的知識を持ち合わせていない。でも、本屋で入門書をいくつか見てみるといい。たくさんの参考書が出ているよ。」

花森は少し調子に乗り過ぎたな、と反省した。でも、ホテルに帰る前に本屋でいくつか立ち読みしてみよう。ホテルは客商売だ、いろんなヒントがみつかりそうだ。

「さて、今日のミーティングはここまでかな。今日はフィナンシェとコーヒーをごちそうになったから、いつもより少し広範囲に、相談されていないことまで話をしてしまった。でもね、少し広めのサービスを提供することで相手の信頼を勝ち取り、次のビジネスにつなげるのも大事なことだよ。」

辻田はそう言って笑った。森本は、自分がフィナンシェで辻田をコントロールしていたわけではないことに気づき、苦笑した。

第八章

リスクを知らないリスク

その日、土曜日の午前中だと言うのに、ホテルメガロポリス総支配人財津浩二は社長の豊島吾郎に呼び出されていた。場所は東京・神宮外苑のゴルフ練習場。来週には銀杏並木の紅葉を楽しむお祭り、『いちょう祭り』が始まることになっており多くの人出が予想されている。だが今週はまだ嵐の前の静けさで、午前中ということもあって人通りは少なく、のどかな光景だ。たかが植物の葉、しかも人工的に植えた樹木の葉の色が変わるだけでお祭りをするなんて、日本は平和だな、と財津は思う。前日の午後6時、帰宅準備中の財津の携帯電話にかかってきた豊島からの電話を取ったのが運の尽きだった。何やら、ホテル不動産のオーナー・帝国生命から何かの報告書を出せと言われたらしく、とにかく至急総支配人に相談したい、とのことで、ここにいる次第だ。帝国生命との交渉に関わる話であれば花森にも参加してもらわなければなるまい。財津がそう考え、急ぎ花森の内線電話を呼び出したところ、花森も運悪くまだオフィスに残っていた。花森から落胆の声が漏れたのはいうまでもない。二人は豊島の打ちっぱなしが終わる予定の午前10時少し前に、練習場に併設されるカフェレストラン『Green & Fresh』で待ち合わせた。店内はガラガラで、奥の方で年配の男性が熱心にスポーツ新聞を読んでいる以外、誰も客がいない。秘密の打ち合わせにはもってこいの場所だな、と財津。二人とも特においしくもないコーヒーをオーダーし、豊島の到着を待つ間、雑談を始めた。

「花森君、すまなかったね。今日は予定なかったの？」

「いえ、今朝はうちと同じ規模の部屋数を抱えているバリトンホテル東京の朝食のオペレーションを視察しに行く予定でしたので、まあ仕事みたいなもんでしたから、構いません。財津さんこそ、ご予定はなかったんですか？」

「うん。今日の午後、立身大学の観光研究所が主催しているホスピタリティマネジメント講座でゲストスピーカーとして話をしなければならない。結局、休みの日も池袋に出向く予定だった、っていうわけさ。」

「そうですか、お疲れ様です。以前はレストランのシフトで土日に働くのは普通だったんですけど、バックオフィスでの業務に慣れると、何か土日に働くのがいやになりますね。」

「残念ながら、ホテルの仕事に土日はない。それはフロントでもバックでも、だ。」

「あ、土日がない人、もう一人到着しましたね。」

『Green & Fresh』の入り口に、辻田の顔が見えた。ホテルの二人はカジュアルな服装だが、辻田はスーツ姿だ。昨晩、花森が財津に豊島社長とのミーティング参加を打診されたとき、財津は辻田も声をかけられないか、と花森に訊いた。流石に午後6時の電話で翌日午前10時、それも土曜日のアポをとるのは、花森でも気が引けた。しかし、財津は、帝国生命との契約交渉には辻田の力が必要だと考えており、また豊島と辻田とを引き合わせるのにいい機会だと譲らず、結局財津が辻田に電話をして出馬を要請した。辻田はこの日の午後どこかのセミナーで話をするらしく、外出ついでだからいいですよ、とミーティング参加を快諾してくれていた。

「辻田先生、突然のお願いで、しかも土曜日にも関わらず、ご足労をいただき、誠に恐縮です。本日のミーティング同席に改めまして感謝します。」

財津は立ち上がり、まるでホテルで顧客にホテルの非を謝罪するかのように辻田に詫びた。

「いえ、ご心配なく。参加できないときは参加できない、ときちんと申し上げますから。今日はたまたま、どちらにせよ仕事をする日でしたので。」

辻田も特においしくもないコーヒーを注文すると、ほどなく、豊島が現れた。中肉中背、歳は60才前半といったところか。自家用車で乗りつけたのか、練習場なのに上から下までコーディネートしたゴルフウエアを着用している。財津が応対した昨日の電話では切羽詰まった感じであったが、今日はドライバーの振りが冴えていたのか、顔つきはニコニコしている。

「悪いね、急に呼び出して、財津君。それと、えっと、花森君だったっけ。あ、こちら、辻田先生？いつも財津と花森がお世話になっています。」

「辻田です。実はわたくし、以前、渋谷のフジコーという不動産会社に勤務しておりまして、その時、豊島社長に何度かお会いさせていただいております。」

「あ、フジコーの。鶴田さんは気の毒だった。まあ、僕のところも大変だったけど。」

　豊島はフジコーの鶴田社長と親交があった。フジコーは渋谷・円山町の再開発に力を入れていた地場の不動産会社で、池袋を地場とする豊島興産とはいわば地上げビジネスの同志だった。地上げというと悪いイメージを持つ人が多いが、権利関係が複雑な土地をきれいに解きほぐし、まとまったサイズの土地にして再開発を促すことは、都市の新陳代謝には必要な機能である。鶴田と豊島は単なる金儲けのためではない信条を持ったデベロッパー経営者であり、情報交換と称してたまに飲みにいく仲間であった。残念ながらバブル崩壊の波に勝てずにフジコーは倒産し、鶴田のその後の行方は知れない。豊島はすぐに話題を切り替える。

「さて、お忙しい皆さんの時間を無駄にしたくない。僕が『大家さん』と話してきたことを報告する。一言でいうと、うちのホテルの『リスク管理報告書』を提出してほしい、とのことだった。要は、コンプライアンスと保険付保状況を知りたいらしい。」

『大家さん』とは帝国生命のことであるが、豊島はここが公の場であることをおもんばかり、一応隠語を使った。財津は丁寧に確認の質問をする。

「社長、コンプライアンスの意味はわかりますが、リスク管理報告書ってどういう意味ですか？うちの社内の法令遵守状況とか、ましてや保険の加入状況を何故、『大家さん』に伝える必要があるのでしょうか？」

「うん。ご存知のように、いまやうちの『大家さん』は外資系だ。一定面積以上の不動産を借りているテナントについては、法令遵守の確認と、失火があったときの第三者賠償保険に加入しているか、その補償額はどの程度なのか、をグローバルでチェックすることになったらしい。もちろん、うちの賃貸借契約にはそんな報告書の提出義務は書かれていない。だけど、契約更改交渉の時には改めて要請をされるだろうし、僕としては今からできるだけ協力しておきたい、というわけだ。」

続けて、辻田が発言する。

「社長。先方の趣旨はなんとなくわかりましたが、『リスク管理報告書』っていうフォーマットは業界で一般的に聞く報告書でありません。おそらく彼ら社内独自のフォーマットがあるはずです。少なくとも、そのアウトラインがどうなっているのか、そしてそれが御社ですぐに回答作成ができる内容なのか、を確認しないと、期日までに回答できるかどうかの返答ができないのではないでしょうか。」

「それは承知している。今、報告書のひな型をメールしてくるようにお願いしているところだ。提出期限は午内と言っていた。あまり時間がない。」

辻田はうなずき、今度は財津と花森の方を向いた。

「財津さん、花森君、これはある意味、良いきっかけかも知れません。これまで御社は収益改善に焦点を当てて努力をしてきました。ですが、リスクマネジメント、という観点もとても大切です。仮に収益向上が法令違反の上に成り立っていたとしたら、意味がありません。また、順風満帆に見える運営をしていても突然事故が起き、損害賠償義務が発生しないとも限りません。事故やリスクにはどんなものがあるかを推察し、事故が起きないようにするにはどうしたらよいか、事故が起きてしまったらどうするか、といったことを取り扱うのがリスクマネジメントです。おそらく御社内で明示的にリスクマネジメントを所管している部署はないでしょうが、強いて言うなら財務部ですかね。今回私の契約はホテルの収益改善と賃貸借契約更改の支援で、リスクマネジメント支援が含まれているわけではありませんが、乗りかかった船です。よろしければ、お手伝いします。」

財津は辻田の手を取り、謝意を述べる。

「辻田先生、ご協力ありがとうございます。日々のホテル運営に躍起になっている我々にとって、正直、疎い分野です。先生にお手伝いをいただけるのであれば、大変に心強いです。ですが、いろいろとお願い事ばかりしていて心苦しいのも事実です。豊島社長、ここはひとつ、辻田先生と追加のコンサルティング契約を締結することでいいですよね？　予算の方、よろしくお願いします。」

「なんだ、君たち、グルか？　でも、仕方ない。帝国、あ、いや『大家さん』との関係を良好に保つこと、それからホテルの抱えているリスクを整理すること、は、重要、かつ、うちのホテルスタッフの手に余る。それは認める。それに、先生がフジコーに勤めていたとおっしゃるのなら、僕は安心だ。まあ、でも、追加料金はお安くしておいてください。詳細は財津と詰めていただくということで。では、僕はこの辺で。」


そういうと、豊島はゴルフバックを抱えて去っていった。要はよくわからないことを要求され、困って財津に丸投げし、財津が辻田の支援を仰いだ、という図式だ。豊島としては、誰か信頼できる人が何とかしてくれれば、それでいい。多少のお金がかかっても。

＊　＊　＊　＊　＊

豊島がカフェレストランを去ったあと、３人は財津の社用車でホテルメガロポリスに向かった。

財津はホテルでスーツに着替えたあと立身大学に出向く必要があるし、辻田も午後のセミナーまでは研究室で仕事をするということだった。花森はこのまま帰宅しても良かったのだが、何となく帰り辛く、ホテルまで同行することにした。辻田は車内でリスク管理の留意点を説明し始めた。

「リスクはいろいろな分野に跨っています。おそらくお二人は、食中毒などの衛生管理、セクハラ・パワハラの人材管理、ゲストの絡む事件や保険金請求事案などは、私より良くご存じでしょう。私がお手伝いできるのは、それ以外の分野、不動産権利関係リスク、許認可リスク、賃貸借契約リスク、資金調達リスク、などです。特に、許認可関係と帝国生命との契約については、重点的なレビューが必要になると思います。花森君、帝国との契約は目を通しているよね？」

「はい。ですが、それほど論点になりそうなところはなく、割とシンプルな契約です。先生に以前ご指摘いただいた、『定期賃貸借契約かどうか』については、残念ながら『定期』と書いてあり、当方に契約延長権はありません。」

「そうか。まあ、そうだろうね。今回僕の契約にリスクマネジメント支援が追加されたから、僕もその契約、見せてもらうよ。あとでｐｄｆファイルをメールしておいてね。」

花森が、承知しました、と返答する頃、社用車はホテルの地下駐車場へと到着した。辻田は駐車場の一角にある倉庫を発見し、花森に調査を要請した。

「さっそく、コンプライアンス問題かも知れないものを見つけたよ。あの倉庫、たぶん建築基準法違反だ。」

「えっ、そうなんですか？見ただけで何でわかるんですか？ずっと前からあそこにありますけど。財津さん？」

「うん、僕が着任した5年前にはもうあそこにあったと思う。辻田先生、あとで詳しく調べますが、何が問題そうなんですか？消防法？」

3人は下車し、件の倉庫まで歩いて見に行くことにした。どうやら、この倉庫では、宴会場で使う椅子やテーブルが壊れた際に一時的にここに持参し、ここで修理して館内の倉庫に戻す、という運用をしているようだ。

「消防法もそうかもしれませんが、一番の懸念は建築基準法です。駐車場は容積率計算上緩和措置を受けているのが一般的で、それ以外の用途にすると緩和措置がなくなって容積率オーバーとなる可能性があるんです。それと、そもそも駐車場という用途を倉庫に利用することで用途違反に問われかねません。多くのホテルでこの程度の違反は散見されますが、銀行から改めてお金を借りるときやホテルが売買されるときなどは、是正が求められてもおかしくありません。また、今回のような賃貸借契約の更新時に賃借人のコンプライアンス違反を問われて契約更新に支障を来すことも避けねばなりません。それと、滅多なことはありませんが、建築基準法違反には最悪の場合、建物使用差し止め命令が発出されます。」

「なるほど、日常の風景と化していても改めて調べる姿勢が大切ということですね。ホテルスタッフはいちいち建築基準法の確認までして動いてはいない。」

「はい。御社はこれまで外部からの資金調達をしてこられなかったので必要がなかったのでしょうが、一度エンジニアリングレポートを取得されては如何でしょうか？」

「エンジニアリングレポート？　なんです、それは？」

「ゼネコンや建築関連コンサルタントがつくってくれるレポートで、建築基準法や消防法などの遵法性チェック、アスベストやＰＣＢといった有毒建材利用の有無、建物や設備のメンテナンス状況などをまとめたものです。素人の私が気が付いたところだけ指摘するのではなく、きちんとしたプログラムに基づいて調べることで、遵法性チェックや長期修繕計画に基づく将来の資金需要把握が可能です。このホテルは大型フルサービスホテルなので、多少値が張りますが、2百万円もだせばどの業者でも対応してくれると思います。もちろん、設備投資の多くは御社ではなく不動産所有者の帝国生命が行なうことになるわけですが、賃貸借契約の更改にあたり、帝国生命とも今後の長期投資計画について意見のすり合わせをしておくことをお勧めします。」

「辻田先生、そういえば4月にこのプロジェクト支援のお願いに伺ったとき、先生以外のコンサルタント雇用が必要になるかもしれない、とおっしゃっていました。このエンジニアリングレポートもそのひとつなんですね。」

「花森君、よく覚えていたね。長期修繕計画については既に御社のエンジニアが中心となって作成済だとは思うが、第三者の目でクロスチェックを行なうという意義もあるだろう。特に、現段階では賃貸借契約が更改されるかどうかわからない。そういう局面では、どの程度の設備投資をすべきか、判断が難しくなる。まずは第三者の目でみた長期修繕計画を作成し、その中でどうしても今、更新投資すべきものを選別する必要がある。」

「わかりました。至急、検討します。」

3人は地下の従業員入口からバックオフィスに入り、財津は総支配人室へ向かった。辻田と花森は一旦、経営企画室に向かうことにした。リスク管理報告書作成のためのアクションプランを整理するためだ。

経営企画室につくと、隣の一角では財務部長の近藤が自分の席でＰＣと向き合っていた。

「あれ、近藤さん、ご苦労様です。休日出勤ですか。」

「おや、お互い様。辻田先生からの宿題でユニフォームシステムをうちのホテルに導入するには、ホテルで一括して仕入れた食材を各レストランごとに食材庫から個別に仕入れたことにする必要がある。そのための伝票のコーディングをどうするか、考え中だ。しかも君たち、『ファイン・ワイン』を分割して時間帯も分けて違う用途に使おうとしているらしいじゃない？　どんだけ話を複雑にすれば気が済むんだ。どういう単位でレストランアウトレットとして認識すべきか、頭を悩ませているよ。ただね、平日は日々の業務に追われてそれどころじゃない。土日は急に決裁を求めてくるうるさい電話があまりないから、こういう考え事には好都合なんだ。」

「その静かな職場環境を乱してしまって申し訳ないのですが、近藤さん。週明けでよいので、うちのホテルの保険ポリシーをまとめておいていただけますか？　今日、豊島社長に呼ばれて説明を受けたのですが、建物所有者の帝国生命がうちのリスクマネジメント状況を報告するよう申し入れてきていて、社長はその要請を受け入れるそうです。詳細な報告内容はこれからわかりますが、少なくともどんな保険に加入しているかは報告が求められます。」

「花森、また面倒な宿題を持ってきたな。うちのホテルは6月に開業したから、保険のサイクルが6月から5月になっている。前回保険契約を更改したときに保険代理店が作ってくれた店舗総合保険のサマリーがあるから、それを準備しておくよ。」

「近藤さん、私からもひとつお願いがあるのですが。」

「辻田先生まで！　なんだよ、よってたかって。」

「すみません。このホテルは開発当初は所有直営物件として建築され、20年前に帝国生命との間でセール・アンド・リースバック取引を行ないました。すなわち、御社は土地建物を帝国生命に売却し、同時に建物を借り上げてホテル経営を継続してきています。そのときの土地建物売買契約書にも目を通しておきたいのですが、ｐｄｆファイルをご準備いただけませんか？　御社が不動産の売主としてどんな表明保証をしているのか、確認しておく必要があります。また、その際、重要事項説明書を作成しているはずなので、そのコピーも拝見させてください。」

「了解。月曜日に田辺に言って準備させる。そもそも不動産周りの契約は財務部長の管轄事項なんだが、当時の財務部長はもう引退してしまっている。昔の経緯を知っている人間で現役なのは豊島社長だけなんだが、彼は細かいところ、よくわかっていないしね。僕も売買契約書に目を通しておくようにするよ。」

「辻田先生、不動産の売買契約書ってどんなものか何となくわかりますが、重要事項説明書って何ですか?」

「宅地建物取引業法に基づいて仲介業者が作成するレポートだ。中身は、土地建物に関する遵法性や第三者との権利関係、例えば当方の建物が隣地に越境して建っていないか、とか、そもそも土地の境界線を隣地所有者と確認しあっているか、といった内容が記載してある。遵法性の部分はさっき紹介したエンジニアリングレポートと重複する部分があるけど、重要事項説明書、略して重説は、第三者との権利関係を詳しく書いているのに対し、エンジニアリングレポート、通称ERは建物や設備のメンテナンス状況にも触れている。2つとも売買やファイナンスに欠かせない資料だ。」

「わかりました。なんだか、今日は不動産屋になった気分です。」

「いい表現だ。そして、その考え方はとても大切だ。いつもと違う視点を持って、普段意識していないリスクを知る、ということだね。できあがっているホテルの中で働いていると、その建物は誰かが昔、自分たちのために建ててくれたと思ってしまい、その権利関係や遵法性にまで考えが回ることが少ない。でも、ホテルスタッフの誰かはその不動産屋的な目線でホテルをモニタリングしておく必要がある。花森君に与えられた役割のうちのひとつはそれだと思うよ。」

「そうなんですね。また勉強しなければならない分野が増えました。学生時代に勉強しなかった分、今、すごく勉強しています・・・。あ、豊島社長からメールが転送されてきました。『リスク管理報告書』のアウトラインが書いてありますから先生にも転送しておきますね。中身が『ハザードコントロール』『ペリルコントロール』『ロスコントロール』っていう仕訳で書くことになっているみたいなんですが、聞いたことない単語が並んでいます。休日出勤中であることは重々承知していますし、あまり長くお引き止めをするつもりはないのですが、せめてこの3つの単語の意味だけでも、ご教示いただけませんか？」

「うーん、そうだな。保険会社らしいアプローチだ。では、『ウエストゲート』でランチを奢ってもらうことでいいかな？」

「もちろん、喜んで。あとで研究室で飲めるよう、テイクアウトのコーヒーもお付けします。」

「素晴らしい。さっきの神宮外苑のコーヒーはひどかったからね。では、さっそく。まず、『ハザード』『ペリル』『ロス』の意味から解説しよう。ハザードは危険を生じさせるもの、という意味だ。最近、ハザードマップという言葉は浸透してきているよね。土砂崩れを起こす可能性がある斜面周辺や水害を被る可能性がある低地などを地図に示したものだ。崖や川がハザード、ということになる。ホテル経営に当てはめてみると、一番わかりやすいのが、食中毒を防ぐために厨房で手洗いを励行しているね。ノロウイルスやボツリヌス菌がハザード、それが災害をもたらさない様に手洗いをすることがハザードコントロール、だ。ホテル経営にはいろいろなリスクがあるが、少なくとも存在がわかっているハザードに起因する事故が顕在化しないように努力することが一番大切だ。だから、建物オーナーの帝国生命としては、このホテルでハザードコントロールが適切に行われているかどうかを確認したいんだと思う。あとはどんな例があるかな。そうだ、従業員の誰かがホテルのお金を使い込まない様にするにはどうしている？」

「えっと、まず職位によって決裁権限が決まっているので、えらくならないと高額な費用支出の決裁ができません。あと、更に高額になると財務部長の承認も必要です。」

隣でＰＣとにらめっこしていた近藤が絡んでくる。

「そうだよ。高額な使い込みをする際はまず僕を買収する必要がある。」

「近藤さんが買収に応じるかどうかは置いておいて、少なくとも2名以上が決裁に関与しなければ高額な支払決裁ができない、ってことですね。これがハザードコントロール。あ、あと、最近社内であった個人情報保護法の研修なんかもこれですね。」

「そういうことだ。次に、『ペリル』。あまりなじみのない言葉だが、単に事故、事件って意味だ。ハザードコントロールをしていてもすべての事故が未然に防げるわけではない。でも起きてしまった事故からの被害・損害を最小限に食い止める努力は必要だ。それがペリルコントロールと呼ばれる。例えば、火災訓練がそれだ。初期消火活動で物理的被害を最小限に留めたり、顧客の避難誘導で人命を守ったり。スプリンクラーの定期作動点検なんかもペリルコントロールだ。人事面では、パワハラ・セクハラ相談窓口があるよね？　あれも被害が大きくなる前に問題を処理しようとするのが目的だ。」

「なるほど、だんだんわかってきました。うちの運営マニュアルのなかでリスクコントロールに関係ありそうなところを取り出し、ハザードコントロールとペリルコントロールに仕訳して報告すればよさそうですね。」

「そうだね。ただ、3番目の『ロス』コントロールはちょっと違う。ロスとは事故発生の結果、発生してしまった経済的損失のことだ。これをコントロールするのはスタッフの努力では不可能だ。そこで、保険に加入することになる。ロスコントロールは、イコール保険購入と考えていい。ただ、どんな保険にいくらくらいの補償額で加入すべきかを考えるのは実は結構難しい。様々なリスクをカバーし高額な補償を求めれば求めるほど、保険料が高額になる。」

「あ、その話、よくわかります。僕はマイカーを持っているのですが、毎年保険更改のタイミングになると保険会社から、今年は対人補償額を無制限にしませんかとか、水害特約つけますかとか、車両保険金額は見直さなくていいですか、とかいろいろ聞かれます。」

「うん、とても良い例だ。ホテルの保険も基本的に同じだ。保険は大きく分けて2種類ある。第三者賠償保険と損害保険だ。前者はお客様の所持品が盗難にあったり、ホテルで怪我をされたときなんかに適用となる。ホテルからみてお客様は第三者、第三者に発生した損害をホテルが賠償するときに保険金が下りる、これが第三者賠償保険だ。自動車保険の内訳もほとんどがこのカテゴリーだ。一方、自動車が自損事故のときにその車を修理したり買い替えたりする費用を捻出する保険が車両保険だね。これはホテルでいうと損害保険にあたる。自分の財産が事故で経済的損失を被ったとき、自分の財産の資産価値を回復させるときに使われる。ホテルの場合、例えば火災で一部が損壊したときにそれを修繕する費用を捻出するのが損害保険の保険金、というわけだ。」

「そうか。保険に入っていない場合は自己資金で修繕することになりますが、うちみたいなホテルは自己資金も少ないし、銀行がお金も貸してくれない、と。」

花森の『銀行がお金を貸してくれない』という発言に、隣でPCに向かって働いている近藤が反応する。

「あのさぁ。財務部の隣で財務部の仕事をけなすような会話、しないでくれる？ 花森が言っていることは正しいけど。だから、ちゃんと保険には入っているよ。」

「あ、失礼しました。でも、保険の役割、よくわかりました。これから関東地方にも大地震が来ると言われていますし、どんなにホテルスタッフが火事発生に気を付けていても地震で火災が起きてしまうかもしれませんしね！」

花森は我ながらいい台詞を吐いたつもりだったが、辻田が申し訳なさそうに反論する。

「花森君、その件なんだが、実は地震に起因する火災による損害の場合、普通の火災保険では保険金は支払われない。」

「えっ、そうなんですか？ 火災保険なのに火災で保険金がおりない？」

「そう。地震のリスクは別に地震保険という保険商品を買わないとカバーされない。火災という事象そのものに保険がかかっているわけではなく、失火とか放火とか延焼とか、何が原因の火災なのかによって保険が適用されるかどうかが、決まっている。さっき、自動車の車両保険で水害特約をつける、つけない、の話をしていたね。あれも同じだ。自動車が破損する理由はいくつかあるが、水没するとエンジン・電気系統がだめになり全損となる可能性が高く、一般的なリスクとは別にリスクプレミアムを支払わないと水害リスクは担保されない、というわけだ。同様に、東京における大地震のリスクはある程度大きいうえに、一度大地震が起きると東京のビルが一斉に被災し、とんでもない金額の保険金が支払われることになる。だから、保険会社は地震保険を一般的な火災保険とは別にしているんだ。」

「なるほど。じゃあ、地震保険にも加入しないといけないですね。」

「うーん。ところが世の中、そんな簡単じゃない。実は日本における地震リスクはそれなり大きいため、オフィスビルやホテルのような商業ビルの地震保険を引き受けられる保険会社が見つからないという問題がある。個人の住宅については政府が補助金を出すことで地震保険が買えるようになってはいるけど、商業ビルの場合だとそうはいかない。どうしても、ということになると、建物を再築する費用の半分くらいまでしか保険金がおりないとか、免責金額と言って、例えば建物経済価値の2割まではそもそも保険金がおりないとか、いろいろな制約がつき、しかも保険料が高い。

一言でいうと経済合理性がある地震保険を購入することが難しい。」

「え、それじゃあ、極端なことをいうと、大地震が来たらうちの会社は破綻する、ってことですか？」

「そうなるかも知れない。だから、日本では、地震リスクについてはロスコントロールではなく、ペリルコントロールを行なっている。何だかわかるかい？」

「えっと、ペリルコントロールとは事故が起きても実損が少なくなるようなリスクコントロールでしたよね。地震が起きても被害が少なくなる方法って・・・。例えば、家具転倒防止器具の使用ですか？」

「うん。考え方は正しい。でも、もっと本質的に大事なことは、大地震でも倒壊しない建物を建築しておくことだ。そう、日本では耐震基準に合致した構造の建物を建てることで地震に起因する経済的リスクが小さくなるようにコントロールしているというわけだ。実は日本の建築費が諸外国に比べて高い理由の一つは、耐震性能が高い建物を建築することが義務付けられているからと言われている。」

「へえ。そういえば何年か前に古い建物の耐震性能診断を一斉にやってましたが、あれで耐震性能が劣ると判断された建物はどうなったんですか？」

「どうもなってない。診断にかかる費用には政府の補助金が出たが、耐震工事に対しての政府の補助金制度はなく、地方自治体によっては何らかの補助金がある、という程度だ。なにしろ、耐震補強工事にはお金がかかるうえ、ブレースと呼ばれる鋼の補強材が窓枠を横切るように外壁側から据え付ける工法をとることが多い。必要な工事資金を如何に手当てするかという問題もあるが、ホテルという用途では見場や眺望の観点で補強工事に踏み切れないところも少なくない。

「念のため、ですが、うちのホテルは大丈夫なんですよね？ その、耐震性は。近藤さん？」

辻田に訊いても答えが期待できないため、花森は横で会話を聞いているであろう近藤に話を振る。

「うちは新耐震基準導入後に建てられた建物だから大丈夫だ。それに、うちは建物のオーナーじゃない。これは建物オーナーである帝国生命の問題だ。」

「そうか、うちはテナントですものね。とするとさっき近藤さんがおっしゃった『店舗総合保険』っていうのはテナントの立場で第三者賠償保険と損害保険を組み合わせたパッケージ商品ということですね？」

「そう。ホテル経営はリスクの塊みたいなもんだからね。あってはならないことだけど、店舗総合保険では食中毒発生時に利用客に支払う賠償金や見舞金までカバーされているんだ。」

ここで辻田が話を引き取る。

「食中毒で思い出したけど、ホテルで食中毒が起きたり食品材料偽装問題が起きたりすると、ホテル経営幹部が謝罪会見を開いたり、謝罪文をホームページに掲載したりするよね。クライシスマネジメント(危機管理)という分野だけど、今日の議論ではペリルコントロールに属する。起きてしまった事故と被害にあわれた客に対して謝罪し、その反省を踏まえてどう再発防止に取り組むか、をわかりやすく説明することで、ホテルの名声ができるだけ傷つかないようにすることが主眼だ。」

「クライシスマネジメントはマーケティング部の広報担当の守備範囲ですね。あとで阿部さんにもヒアリングしておきます。」

「うん。これを機に、今後はホテル組織の横断的なリスクマネジメント評価シートを作り、折を見てその内容の見直しをすることも経営企画室の業務に加えるといい。他の部署は日々の業務をこなすので手いっぱいだろう。君の部署が中長期的な視点や不動産的な視線を持ち続けることが大切だ。」

そういうと、辻田はやおら立ち上がった。

「さて、人は腹が減ると怒りやすくなり、脳内血糖値低下によって作業効率も落ちる。ハザードコントロールの観点では、そろそろランチを取った方が良いように思う。花森君？」

「承知しました！　近藤さんはどうされます？　社食にします？　それともウェストゲートにご一緒されます？」

「そうだな。部門会計導入のためにウエストゲートの食材費をどうやって仕訳するのがよいか、その食材を味わいながら現場で考えるとするか！」


　休日出勤の3人は地下一階のバックオフィスを抜け出し、ウエストゲートに向かった。地上の館内には秋の日差しがやわらかに差し込んでいた。

第九章

タイムバリューを理解せよ

師走。キリスト教宣教師が創立した立身大学のキャンパスには大きなヒマラヤ杉が2本植えられていて、毎年クリスマスのシーズンになるとイルミネーションが飾られる。そしてハンドベルの演奏と聖歌隊による讃美歌が流れ点灯式が行われると、あたりは一気に年末の雰囲気に包まれる。その点灯式からまだ日の浅いある日の午後5時、既に暗くなったキャンパスの中庭にはクリスマスツリーが明るく浮かび上がっていた。その脇を、花森は重い足取りで辻田の研究室に向かっている。

これまで、顧客の声を正確に聞くアンケートシステムを構築し、レベニューマネジメントやユニフォームシステム導入を準備し、マーケティングやレストラン部門の改革に着手した。建物所有者である帝国生命との関係改善に役立つうえ、自社のホテル経営上も有益なリスクマネジメント評価シートも作成した。もちろん、花森一人だけの努力ではない。ホテル経営陣は一丸となって科学的な経営手法を積極的に取り入れ、収益体質の改善が見え始めてきたところである。だが、豊島社長の考えは。冷徹だった。

1時間ほど前、花森は豊島興産本社ビル社長室にいた。場所は池袋駅東口にある西武百貨店書籍館の明治通りを隔てて東側の裏通り、何故か本屋と予備校、それにラーメン屋が群生している一角にある。「不動産屋は良いビルを人に貸してなんぼ。自社ビルはぼろくていい。」という先代の教えを守り、ビルの築年は古く、高さも4階建てだ。社長室の応接調度品も昭和を感じさせるものばかりで、革張りの応接ソファの表面にはひびがはいっている。ホテルメガロポリス総支配人財津浩二と経営企画室長花森心平は、そこに呼ばれていた。ホテル社長兼豊島興産社長の豊島がかしこまって話し始める。

「財津君、花森君、君たちの活躍のおかげで、ホテル経営の近代化が進み、収益改善の兆しが見えてきたと聞いている。まずは、礼を言いたい。」

「とんでもございません。私は何もしていません。でも、花森は違います。各部署を歩き回り、部門長の協力姿勢を取り付けつつ、問題点を把握し、その解決方法を少しずつあぶり出してきています。正直申し上げて、レストランマネジャーをやっていたときはやる気がない感じでしたが、今回のプロジェクトで一番変わったのは花森です。」

恐縮して下を向く花森に、「そうらしいね、ご苦労様」とねぎらいの言葉をかけたあとで、豊島は本題に入った。

「さて、本件は社内でも内密に願いたい。本来なら財務部長の近藤君にも同席してもらうべきなんだが、彼は銀行からの出向者だ。今の段階でメインバンクのミズナミ銀行にうちの動きを知られたくない。」

確かに近藤は銀行からの出向者だが、このホテルのことを最優先に考える男だ。大事な話なら、「銀行には内密にして」と前置きして近藤も呼ぶべきだったのではないか、と花森は思う。

「実は、セントポール・キャピタル・マネジメントという投資ファンドからメガロポリスを買収したい、という申し出があった。ファンドの代表の要《かなめ》さんはお父様が池袋商工会議所のメンバーでね。その伝手でコンタクトがあった次第だ。うちのホテルは不動産を所有していない、ただの賃借人だし、賃料支払後収益は赤字だ、値がつかない、と説明したのだが、どこのチェーンにも属さないフルサービスホテルでこれだけの規模と優れたロケーションを兼ね備えたホテルは他にないから、と、ご執心だ。もちろん、僕も君たちの経営改革の行く末を待ちたい。でも、僕の役員報酬を別にしても年間何千万円という赤字補填が必要なこのホテル事業を継続させる経済的な意義が僕にはわからない。肝心の「いくらで買ってくれるのか」については内容を精査してからでないと提示できないそうだが、概ね10億円くらいだそうだ。持っているだけで赤字の事業にそのような高額な買収提案を受けたのであれば、株主としてはその提案を検討せざるを得ない。わかってもらえるかな？」

花森の頭の中では「ホテルメガロポリスが売られる！」というニュースのヘッドラインだけがぐるぐると駆け巡り、豊島の言葉にどう反応したらよいのか、わからない。その点、財津は落ち着いていた。以前、銀座東洋ホテルに勤務していた折、ホテルの業績は悪くなかったのに閉館に追い込まれた経験がある。財津にしてみたら、賃貸借契約が切れてホテルが閉館に追い込まれるよりは、ホテルの株主が変わって事業が存続できることの方が良い選択肢に思える。もちろん、どちらのケースでも自分の居場所はこのホテルにないであろうが。

「社長。お話はわかりました。ですが、先方は賃貸借契約があと1年ちょっとで終了することを知っているのでしょうか？　契約が更新されるかどうかわからない事業にそんな大金を払うとは思えませんが。」

「うん、あまり詳細なことは言えないけど、賃貸借契約期間があまり残っていないことは匂わせてある。要さんは、それも含めて精査したい、と言っているんだ。僕としては、守秘義務契約を結び、必要な情報を開示して、このホテルにどの程度の価値があるのかを見極めてみたい。その情報開示の窓口役を花森君のところにお願いしたい。それと、先方が『このホテルの事業価値はいくら』と言ってきたときにこちら側の評価がないと高いのか低いのか、判断に困る。うちのホテルはいくらくらいなのかをざっと計算をしておいてほしい。」

花森はようやく口を開く。

「あの、ご指示は承りました。ですが、『池袋駅前の更地』ならまだしも、そこに建っている建物を借りて営業しているホテルの事業価値って、どう評価するのか、皆目見当がつきません。やはり数字に関することですし、近藤部長にも参画してもらうべきではないでしょうか。」

「だめだ。ミズナミ銀行に漏れるリスクがある。彼らが今回の話を聞きつけたら、何ていうと思う？彼らは絶対に売れって言うよ。だって、赤字部門だもの。でもね、僕は何が何でも売ろうと思っているわけじゃないんだ。現段階では、自分の意思決定に銀行が口出しをする可能性をできるだけ小さくしておきたいということだ。わかるね？」

「ご趣旨はわかりました。では、せめて辻田先生には相談させてください。ホテルの収益改善支援とはまた異なる仕事になりますが、彼の知見がきっと役に立つと思います。」

豊島は腕組みをし、しばらく考えたのち、首を縦に振った。

「君は何でも辻田先生頼みだな。まあ、いいだろう。彼はフジコーから社費で海外留学をした稀有な人材だ。業界内で聞いてみたけど評判もいい。但し、改めて本件に関する守秘義務契約書を取り付けてくれ。それと、また追加報酬が発生するんだろうが、とにかくコストは抑えるように。」

「承知しました。」

豊島興産本社ビルを出るやいなや花森は辻田の携帯電話に電話をかけた。運よく、辻田は3コール目で応答してくれた。更に運がいいことに、これから大学院生向けの講義が始まる午後6時半までは予定が空いているとのことだった。花森は、森本に電話をし、ウエストゲートでかつサンドとコーヒーをピックアップしてから辻田の研究室に来るよう伝えた。電話の向こうでは研究室訪問を喜ぶ声が聞こえたが、花森はあまり楽しい話にならないことを予告し、彼女の期待値をコントロールして電話を切った。

＊　＊　＊　＊　＊

研究室で花森の話を聞いても辻田はさして驚く様子も見せず、花森は拍子抜けした。花森にとってはホテルが売られることは大事件だが、辻田にとっては日常的に起こっていることなのかも知れない。辻田は淡々と話す。

「その買収話、あまり信用できないな。第一に、賃貸借契約期間が終了間近だ。更新することが確定すれば別だが、今の契約のままで投資を行なう人がいるとは思えない。第二に、ホテル経営は赤字だ。君たちの経営改善努力はまだ数字となって表れていない。まあ、先方はまだ資料を見せていないから、外から見ると魅力的ってことなのかも知れないけれど。」

「それにしても、豊島社長、ひどくないですか？　経営改善の途中で株を売るかもしれないなんて。」

「君は豊島社長、すなわち株主のことを個人的に知っているから、そんな感情が沸き上がるんだ。でも、考えてごらん。例えば、君の住むアパートの大家さんが君が住んでいる間にアパートを売ったら、君は憤慨するかい？」

「しません。別に追い出されるわけでもないし。でも、うちの大家さんは賃借人である僕の給料があがる努力を一緒になってやってくれているわけではありません。社長も含めてホテルの収益を改善しようと努力している我々とはだいぶ事情が違います。」

「ＯＫ。では、仮に楽天の三木谷さんが楽天ゴールデンイーグルスというプロ野球球団をシーズン途中で売却する意向を固めた、と発表したとしよう。球団所属の選手は憤慨するだろうか？　シーズン当初には一緒に優勝を目指しましょうと言って高額な助っ人を大リーグから連れてくる予算までつけてくれたのに？」

「いえ。だって、彼らはプロですから。誰が球団主になろうと、優勝を目指して全力でプレーするだけです。」

「じゃあ、株主が変わったら困るという、君はホテル経営のプロではないと？」

旗色が悪くなった花森が返事に窮していると、森本が研究室のドアをノックした。辻田が応答し入室を促すと、森本がホテルの紙袋を携えて入ってきた。先ほどの花森の電話のトーンからただならぬ雰囲気を察し、「遅くなりました、どうぞ」とだけ言って、かつサンドとコーヒーをテーブルの上に並べた。花森は森本に対して手短に豊島の意向を説明した。いろいろ質問がありそうだったが、森本は自制し、相槌を打つに留めた。ただ、表情には明らかに不安を浮かべ、眉をひそめながら二人の会話の行く末を見守っている。辻田は重苦しい雰囲気を気にするでもなく、早速かつサンドをほおばりながら、会話を再開する。

「さて、話を元に戻そう。今日の君たちの目的は『ホテルメガロポリスの事業価値、換言すれば株式価値を評価する』ということでいいね？　実はこのトピックは実に奥が深く、大学では『コーポレートファイナンス』というＭＢＡの科目に属する話題なんだ。これを一時間で説明するのは難しいが、まあ、やってみよう。ホテルが売られるかもしれないということはショックかもしれないが、まず、その感情は脇に置いておいて、大学の講義を受けるような心構えで聞いてくれ。」

二人は神妙に頷く。

「さて、物には必ず値段がある。株式のように金融商品であればなおさらだ。株式が上場していればは話は早い。インターネットでリアルタイムの売買価格がわかる。それが株価だ。そして株価×発行済株式数でその会社の株式価値がわかる。時価総額、ってやつだね。でも、株式会社ホテルメガロポリスは豊島興産株式会社の１００％子会社で上場していない。さて、この場合、どうやって株式価値を査定すべきだろう？」

花森は「その査定方法がわからないからここに訊きに来ているんだよ！」と言いたい気持ちを抑

え答えを探すが、発言に値するようなアイデアが浮かばない。すると森本が手を挙げ、先攻する。

「あの、ホテル会社で上場しているところがありますよね。例えば、帝都ホテルとか。上場しているホテル会社の株価を参考にすればいいんじゃないですか？」

「花森君より先に答えるとはすばらしい。そして、目の付け所も大変に良い。流石、本学の卒業生だ。森本さんが提案した方法は類似業種比準方式という株価査定方法だ。ただ、メガロポリスと帝都ホテルという2つの会社が比較対象と言えるほど、本当に似ているか、というとそうではない。一口に『ホテル業』というが、2社は全く異なるビジネスモデルを有している。第一に、不動産を所有しているかどうか。帝都ホテルは東京・日比谷の一等地に土地建物を所有している。一部は借地だが、その借地権すら価値が高い。翻って、メガロポリスは以前は所有直営だったが、今は賃借人の立場だ。所有する不動産があるかどうかで株式評価は大きく変わる。」

「先生、それを聞いただけで、うちのホテルはダメな気がしてきました。」

「花森君、そんなことはない。仮に立派な不動産を所有していても、その不動産を開発ないし購入するために不動産の時価を超える借入金があるとしたら、株式価値は減じられることになる。要は資産と負債のバランスが取れているか、ということだ。僕が勤めていた渋谷の不動産会社も素晴らしい立地の不動産をいくつも所有していたけど、地価が下落して借入金過多と認定され、倒産した。さて、第二に、帝都ホテルは東京以外にも京都、大阪や長野でもホテル経営を行なっている。立地が分散しているんだ。方や、君たちは池袋の単館のみだ。一般に単館経営はハイリスクとみなされる。もし池袋のホテルが被災したり感染症のエピセンターになったりしたら、会社全体の売上に重大かつ継続的な支障をきたすからね。第三に、帝都ホテルはエンペラータワーというオフィス棟を所有しており、そこからの安定した賃料収入がある。実はこの賃貸部門の利益はホテル部門より安定していて、時としてホテル部門利益よりも大きい。メガロポリスはというと、一階と地下一階に物販やレストランテナントが入っていてそこからの賃料収入があるにはあるが、売上全体に占める割合は大きくなく、かつその賃料を稼ぐための不動産は所有しておらず帝国生命から借りている。テナントには『また貸し』をしているに過ぎない。業界用語では転貸、サブリース、という。」

「要は、同じホテル業だからといって単純比較ができない、ということですね。」

「森本さん、その通り。世の中にはビジネスモデルを無視して業種だけで比較をする人がとても多い。君たちにはそういう人にはなって欲しくない。花森君、では別の株価査定方法を考えてみてくれ。」

「えー、それをずっと考えていますが、いい案が浮かびません。そうですね、不動産は持ってないけど、うちのホテルはベッドや机、ＰＣやら厨房機器やら、一応売ればカネになりそうなものをたくさん持っています。例えば、それらを全部売った値段が、株式価値にならないですか？」

「すばらしい。その回答を思いつくなら、君にはA評価をあげよう。財津総支配人に報告しておくよ。」

花森は辻田の本気とも冗談ともつかない反応に苦笑した。辻田は大学の講義モードに戻って解説を続ける。

「そう、会社の持っているものを全部売って借金を返した残り、というのも株式評価の考え方のひとつだ。純資産方式というアプローチだね。ただ、売れるものは花森君が例示したような固定資産だけではない。入金期限がまだ訪れていない売掛金や、もしかしたら豊島社長のためにだけ持っている接待用ゴルフ場会員権なんかも換金できるものだね。それと、メガロポリスには、帝国生命に差し入れている20億円の入居保証金がある。これは建物を退去するときに返って来るお金だ。会社資産を全部売り払うという仮定ならばホテル業は廃業するはずだから、この保証金も現金化されるはずだ。一方、返済すべき『借金』も銀行や親会社からの借入金ばかりではない。支払期日が到来していない未払金や税金、それに退職給与引当金なんかも精算しなければならない。」

「辻田先生、うちのホテルの貸借対照表上、資本勘定はマイナスです。ということは、資産を全部換金して負債の返済に充てても、返し切れない負債が残る、ということですよね？」

「残念ながら、その通りだ。今、花森君が説明してくれたのは、会社の清算価値という考え方だ。貸借対照表、すなわちバランスシートには表れていない、資産の含み益や含み損もあるから何とも言えないけれど、純資産がマイナス、ということは、清算価値はない、という可能性が高い。」

「先生、ますます絶望的です。うちの会社って、価値がない会社だったんですね。」

「まあ。そう焦るな。ここでちょっと、アマゾンの話をしよう。アマゾンが米国新興株式市場ＮＡＳＤＡＱに株式上場したとき、彼らは創業時からずっと赤字の状態だった。でも、上場したということは株価がついたということだ。しかも上場時には新株を発行し、たくさんの新しい投資家がアマゾンの株を買った。何故だろう？」


しばらくの沈黙のうち、またしても森本が答えた。

「将来性があると投資家が判断したから、ですかね。」

「森本さん、冴えているね。君はS評価だ。そう、今儲かっていなくても、将来儲けられると皆が信じたんだ。そして、その将来の儲けに対して株価が形成されたわけだ。」

「でも、先生、アマゾンは結果的に大成功しましたけど、世の中には創業まもなくつぶれていく会社がたくさんあります。『将来これだけ儲かる』と無名の経営者が力説しても投資家は額面通り受け取ってくれないかも知れません。アマゾンの創業者ジェフ・ベゾスだって、その時は無名の経営者の一人に過ぎなかったわけですよね？」

「それもいい論点だ。花森君の評価もSに引き上げてあげよう。いい質問ができる学生は、いい学生なんだ。覚えておいてくれ。さて、花森君、ホテルメガロポリスに関して言うと、今、君が正にジェフなんだよ、わかるかい？」

「は？　意味がわかりません。」

「残念。君の評価はAマイナスにダウングレードだ。さて、赤字のアマゾンが上場した時、投資家はアマゾンの株式をどうやって評価していただろう。大雑把にいって、3つの要素が考えられる。①ベゾス氏が示した将来の損益予測、②それがどのくらいの確からしさで実現するかのリスク査定、そして③このビジネスモデルに投資する場合にどのくらいの利回りを期待するのが妥当かの検討、だ。③は森本さんがさっき指摘した類似業種比準法が使える。ただし、アマゾン創業時のコアビジネスである『書籍販売業』との比較ではだめだ。アップルみたいなプラットフォームを形成して儲けるビジネスが近いかもしれない。株価の利回りの指標は一般に株価収益率、Price Earnings Ratio、略してＰＥＲというが、時価総額÷純利益、で計算される。ということは、時価総額、すなわちこの会社の株式全体の価値を知りたければ、純利益×ＰＥＲで計算できる、ということだ。①の利益予想と、③の類似業種比準法を組み合わせる、ということだね。比較可能な会社のＰＥＲがわかれば、それをメガロポリスの利益予想にかけることで株価が計算できる。」

辻田は既に飲み干したはずのコーヒーを再度飲もうとし、空であることに気づいた。森本が気を利かせて缶コーヒーを買ってくることを申し出たが、辻田はそれを制して話を続ける。

「さて、僕が『今、花森君がジェフ・ベゾスだ。』といったのは、①と②に関してだ。君たちのホテルが今、赤字であり、清算価値もないことはわかった。そこに価値を見出すとしたら、①将来利益の予測、と②その予測が当たる根拠、がなければならない。ジェフは①と②の説明に成功し、アマゾンを無事に上場させることができた。君はどうだ。将来利益の予測を示しているか？その予測が当たる根拠は何だ？メガロポリスの株式価値はそれにかかっている。」

花森はようやく気が付いた。これまではとにかく経営課題を見つけ、その改善策を実行することばかり考えていたが、ではその経営改善によって、いつまでにどのくらいの収益改善が見込めるのだろう。その目標設定がなかったのではないか。いや、数値目標はある。今の年間賃料の7％増、16億円を支払ってなお利益が出る体質を目指しているはずだ。それが達成できれば帝国生命はホテルの賃貸借契約を更新してくれる。要はこの利益目標を達成するには各部門がどの程度の利益改善を行なえばいいのか、逆算して割り振ればいい。そして、その部門利益が捻出できそうかは、各部門のＫＰＩ、経営指標をどう改善するかを示せばいい。近藤の力を借りればすぐだろう。今回の株式売買についての相談は禁じられているが、来期以降の目標設定自体は収益改善プロジェクトの一環だ。豊島社長も反対できないだろう。

「辻田先生、わかりました。来年3月に終わる今期の利益改善幅は大したことないでしょうが、来期の損益予想、賃料増額後でも最終利益がプラスになるものを作成します。それが今回のプロジェクトの目標ですから。そしてそこには、ホテル活性化委員会のサブプロジェクトひとつひとつがどの部門にどの程度の収益改善をもたらすのかを説明したメモをつけます。それが、投資家に我々の損益予想が達成可能だと思わせる『根拠』になります。」

「そう。それでいい。君の評価をSに戻そう。その来期の損益予想ができたらもう一度ディスカッションしよう。ちなみに、これまで『利益』という言葉を曖昧に使ってきたが、正確には『税引後当期利益』の予測を立ててきてくれ。株主は税引後当期利益から配当という形で利益を吸い上げるからね。」

「先生、ありがとうございます。では、早速ホテルに帰って…。」

「花森君、まだだ。もうひとつ重要なことを説明しなければならない。もうちょっと付き合ってくれ。さっき、株式価値＝税引後当期利益×PERだと説明したが、これは会社が未来永劫事業を継続させることを前提としている。そりゃいつかはトヨタだって、ソニーだって、アマゾンだって、会社としての寿命を終える日がくるだろうが、少なくとも来年、再来年の話じゃない。ところが、君の会社はどうだ？ 最悪の場合、再来年の3月には閉館の憂き目にあっているかもしれない。だから、年間利益の何倍が株式価値、という考え方にはなじまないんだ。」

「だとすると、うちの株式価値＝来年一年分の利益、ってことですか？」

「最悪の場合、そういうことだ。ただ、賃料増額後の税引後当期利益がプラスになることが確実なのであれば、賃貸借契約は更新され、あと10年は儲け続けられる。そして、その利益水準が続くのであれば、その次の10年の契約更新も期待できる。その契約更新リスクをどの程度数値として織り込むか、が、今回の株式評価で一番難しいところだ。」
「そのリスク、どうやって数値で織り込むんですか？」
「一般的なやり方は、有期還元法や割引率にリスクプレミアムを載せるという方法なんだが、いきなり有期還元とか割引率といってもピンとこないよね。コーポレートファイナンスの授業でもすぐに理解できない学生が多い。」

辻田はノートを取り出し、簡単な式を書き始める。

「さっき、株式価値＝利益×ＰＥＲだと説明した。ということは、ＰＥＲ＝株式価値÷利益、だね。でも『利回り』といったら、投資元本に対して何％のリターンがあるか、で表した方が直感的にわかりやすい。実は、ＰＥＲの逆数が投資利回りだ。投資利回り＝１／ＰＥＲ＝利益÷株式価値、ということだ。例えば、期待配当額が20円の株式を１０００円で買った場合、期待投資利回りは20／１０００＝２・０％、ということになる。ここまではいいね。」

花森も、森本も、神妙にうなずく。

「では、ここで、その株式会社の社長がジェフではなく、花森君だったとしよう。花森社長は期待配当額が20円と言っているが、一年後本当にその配当額が支払われるだろうか？　僕だったら、疑う。」

「はい、私自身も疑います・・・。」

「だけど、どうしてもこの株式に投資をしてくれ、と言われれば、株価をディスカウントして買うだろう。例えば、半額とかで。花森社長が20円の配当をしてくれる可能性はゼロじゃない。仮に僕がこの株価を５００円と査定したとしよう。利回りはいくらになる？」

「20／５００なので４・０％です。」

「そう。期待配当額は同じ20円なのに、ベゾス氏が社長だったら１０００円の株価の会社も、花森君が社長だと５００円にしかならない。この株価の差は配当利回りに表れている。２％と４％だ。この差がリスクプレミアムと呼ばれる。花森社長の手腕の不確実性を数値化したものだ。」

「なるほど。配当利回りが高い、ってことは、優良企業かと思っていたのですが、必ずしもそうではなく、配当利回りの達成可能性が低いということなんですね。」

「必ずしもそうとは言えないが、何らかのリスクを反映していることは間違いない。さて、投資利回りとリスクプレミアムの関係がわかったところで、あとひとつだけ理解をしてほしいことがある。

今日もらえる1万円と一年後にもらえる1万円の価値の差のことだ。」

「話がどんな方向に進んでいるのかまだ見えてきていませんが、今日の1万円の方が価値がある、って話ですか？」

「そのとおり。何故、今日もらえる1万円の方が価値が高いと言える？」

「例えば、先生が私に1万円くれるといっても、1年後には忘れているかもしれません。」

「そう、忘れているか、もしくは1年後に僕は自己破産しているかもしれない。それは、君にとってのリスクだ。それに、もし君が今日1万円を手にしてそのお金で期待配当率2％の株式に投資をしたとしよう。本来は株価に変動があるが、ここでは無視して一年後も同じ株価だったとする。そうすると、君の1万円は1年後には1万200円になっている。1年後に1万円をもらうということはこの200円を稼ぐ投資運用機会を失うということだ。まとめると、1年後にもらう予定のキャッシュには、もらえないかも知れないリスクや、運用機会損失リスクが含まれるため、今貰えるキャッシュより価値が低いということになる。ではどの程度その価値を低く査定すべきかというところで、割引率という概念が出てくる。例えば、君のホテルの来年の利益予想が100百万円、再来年は120百万円だとしよう。そして、君のホテルと同じような別の会社に投資をしても10％の利回りが狙えるとする。」

「すみません。どうでもいいことかも知れませんが、さっきまでは株式配当利回りが2％といっていたのに、どうして今度は10％なんですか？」

「花森君、いい質問だ。さっきまでは上場している会社の例を出したが、今は賃借人として単館でホテル経営を行なう非上場のビジネスモデルの議論に切り替わった。上場していないということはすぐに換金できないということでリスクが高い。また、賃借人モデル、単館運営もリスクが高い。よって、リスクプレミアムが高くなるというわけだ。実際に10％がいいかどうかは置いておき、少なくとも2％よりずっと高い期待配当利回りが求められると考えておいてくれ。」

「理解しました。話の腰を折ってしまい、失礼しました。続けてください。」

「いや、いい質問は説明を遮る価値がある。これも覚えておいてくれ。さて、来年の100百万円は、今日の価値でいうと、100百万円／（1＋10％）＝90・9百万円ということになる。今日90・9百万円持っていて利回り10％の投資商品に投資をしたら、一年後に100百万円になるって意味だ。同様に、再来年の120百万円は、今日の価値でいうと、120百万円／（1＋10％）^{2}＝99・2百万円となる。再来年のキャッシュの価値は10％という年間割引率が2年分かかってくるからね。これらの割引率を加味して将来のキャッシュを今の価値に置き換えたものを『現在価値』という。そして、君のホテルがあと10年間利益を稼ぐことがわかっていれば、その10年分の利益の現在価値を足し上げたものが、君のホテルの事業価値、株式価値、ということになる。この評価方法はDiscounted Cash Flow法、略してＤＣＦ法と呼ばれている。ちなみに、式で表すとこんな感じだ。ＣＦｎとはｎ年目のCash Flow、キャッシュフローとはここではまあ利益と同義と考えていい。」

花森と森本は顔を見合わせる。花森が代表して発言する。

「先生、文系の人間にとってシグマが出てきたら、もうギブアップです。」

「知っている。ちょっと、こけおどしに見せただけだ。でも、安心してくれ。シグマは忘れていい。エクセルの使い方をちょっと覚えるだけでいいんだ。」

そういうと、辻田は研究室にあるノートパソコンを開き、エクセルを立ち上げ、ほんの2、3分で次のようなモデルを作ってみせた。花森は辻田がＰＣを使っているところを初めて見た。やっぱりＰＣはちゃんと使えるんだな、と妙なところで感心した。

$$現在価値=\sum\frac{CFn}{(1+割引率)^n}$$

	A	B	C	D	E	F	G	H	I	J	K	L	M	N
1											(単位:百万円)			
2	年度		1	2	3	4	5	6	7	8	9	10	11	
3	利益		100	120	125	130	135	140	145	150	155	160	165	1,525
4	割引率	10%												
5	現在価値		90.9	99.2	93.9	88.8	83.8	79.0	74.4	70.0	65.7	61.7	57.8	865
6			=C3/(1+B4)^C2											

「現在価値の計算式はC6に例示してあるから、参考にするといい。詳しくはエクセルが得意な人に訊いてくれ。さて、このモデルは第1年度を来年にしてある。そして、来年無事に賃貸借契約が更新されて、更に10年間ホテル経営ができると想定している。N列をみてほしい。毎年の利益を単純に11年分足し上げていくと15億円ほどになるが、現在価値の合計は9億円弱、だ。」

「なるほど。セントポール・キャピタルが言っている、だいたい10億円くらい、という株式価値はこんな感じで計算されている、ってことですね。」

「うん、このモデルは非常に単純化しているので10億円という数字の元がこうかどうかは何とも言えない。でも、セントポール・キャピタルはこのDCF法で評価してくる可能性が高い。このモデルをより精緻にしようと思うと、第12年度以降は契約更新されるのか、閉館する際の従業員解雇費用や原状回復費用はいくら見積もるのか、20億円の入居保証金は全額返還されるのか、等、まだまだファクターとして検討しなければならないことがたくさんある。ただ、豊島社長に細かい話をしても仕方ないし、このモデルだけでも固めるべき変数、パラメーターが複数含まれている。まず、来年度末に契約は更新されるのか、来年以降の利益はここで適当に入れた数字のように増えていくのか、割引率10％は妥当なのか、などだ。」

「先生、ご説明はわかったような気がしますが、こういうモデルを自分で作る自信がありません。まずは、来年以降の利益予測を作り、そのあとまた相談させていただくことでよいでしょうか？」

「もちろん。ただ、『株式価値』をどうやって計算したらいいか、の考え方はわかっただろう。そこが重要だ。通常M＆A（会社買収）案件では、モデルの精緻化は雇用されたアドバイザーが行なう。だけど、雇用主としてそのモデルの意味を知らなければ、高い報酬を払う意味がない。この割引率を用いた現在価値を計算する考え方はタイムバリューと呼ばれる。『時間の価値』ってことだね。日本の企業はこのタイムバリューをきちんと理解していないところが多い。よく外資系企業が日本の会社の意思決定が遅いことを不思議に思っているという話を聞くよね？　意思決定が遅いほどプロジェクトの収益化が遅れ、割引率が効いてそのプロジェクトの現在価値が小さくなっていくのに、日本の企業は何故迅速な意思決定をしないのだろう、というわけだ。君たちの会社はたまたま賃借契約期間終了というタイムリミットがあるため、すごい勢いで経営改善プロジェクトを進めているが、そのタイムリミットがなかった時の進捗状況はどうだった？　まさに『時は金なり』、なんだよ。さて、僕のタイムリミットが近づいて来た。これから3時間の講義が始まる。僕はタイムリミットまでの時間を有効に使って成果を出せたかな？」

「先生、もちろんです。次回はコーヒーがなくならないよう、ポットでお持ちしますね。」

辻田の研究室を辞し、花森と森本はホテルメガロポリスに向かって歩き出す。師走の夜は冷え込むが、寒さを感じる余裕がない。二人とも無言だ。ホテルが売られるかも知れないという不安と今日のコーポレートファイナンスの講義内容の消化で頭の中がいっぱいだ。不安は脇に置き、これから来期以降の損益計算書をどう作るかの検討をしなければならない。経営企画室の長い夜が始まる。

第十章

不動産屋の悪知恵

ホテルメガロポリス経営企画室にとって苦難の道となるであろう年はあっけなく明けた。昨年12月中旬、セントポール・キャピタル・マネジメント（以下「ＳＰＣＭ」）は、守秘義務契約を締結し主要な精査情報を入手したところ、わずか1週間で買収を断念し、交渉終了の通知を行なってきたのだ。理由はよくわからないが、やはり賃貸借契約の残存期間が短過ぎることが理由だったようだ。契約の残存期間が短いことは豊島社長がＳＰＣＭに伝えていたはずなのに、どうしてなんだろう。花森はずっと気になっていた。そこに、新年早々辻田から1通の「年賀状」メールが届いた。

＊　＊　＊　＊　＊

花森様

あけましておめでとうございます。昨年は大変お世話になりました。御社の経営状況を把握しながらホテル経営のフレームワーク導入支援を行なう仕事は小職にとっても大変によい勉強になりました。本年も引き続きよろしくお願い申し上げます。

さて、ＳＰＣＭの件、先方からの価格提示に至らずに残念でした。先方が精査を開始してすぐ買収を断念したことに疑問を抱き、改めて帝国生命との賃貸借契約を年末に拝読致しました（これまで精読しておらず、申し訳ありません）。少し気になることがあるので、新年早々で恐縮ですが、1月4日午後にお時間を頂けませんか？　ホテルにお伺いします。指導している大学院生の卒業論文提出期限が来週末のためしばらくは卒論指導が佳境に入り、5日以降は時間が取れそうもありません。当方の都合で誠に恐縮ですが、4日の件、ご連絡お待ち申し上げます。

立身大学経営学部　辻田健太郎

＊　＊　＊　＊　＊

ということで、1月4日午後3時、花森は地下1階財務部会議室で辻田の到着を待っている。ホテルは前日までお正月パッケージの連泊客でにぎわっていたが、この日は静けさを取り戻しつつあった。花森にとって経営企画室唯一の同僚である森本は昨日まで出勤でオールデイダイニング「ウエストゲート」のヘルプに入っていたが、今日から少し遅い年始の休みをとり、実家のある金沢に帰省中だ。辻田とのミーティングに欠席することを非常に残念がっていたが、部下にできるだけスケジュール通りの休暇を取らせるのも上司の仕事である。かく言う花森自身は年末年始の休暇を取り損ねたが、ホテルが存亡の危機に置かれている今、長い休みをとるわけにはいかない。丹波の実家には春になったら帰省すると伝えてある。春までには、いずれにせよこのホテルの命運が決まっているはずだ。

「やあ、新年おめでとー。」

財務部長の近藤が出勤してきた。辻田が近藤の同席を求めてきたためだ。賃貸借契約終了に関わる話題になることと、SPCMの動きにも絡む話になるので、今回の買収話は近藤にも伝えておくように辻田に言われていた。豊島社長の顔が頭に浮かんだが、買収の一件は既に交渉が打ち切られていることもあり、花森は独断で近藤に話をすることにした。電話で恐る恐る切り出した話題だったが、近藤は事情を知っていた。どういうルートで聞いたのか、あるいはSPCM宛提出情報のとりまとめのやり取りを通じて気づいたのかはわからなかったが、近藤曰く「僕をなめるんじゃない」とのことだった。幸いにも、「ミズナミ銀行には報告をしないでおく。どうせ立ち消えた話だし」、と言ってくれた。近藤は例年1月4日は朝から「仕事始め」の取引銀行への挨拶回りをしていてホテルには戻ってこない習わしだった。特に古巣・ミズナミ銀行では複数の部署を渡り歩き、「情報収集」をしているらしいが、どんな情報をなんのために収集しているのかは、花森は知らない。もしかすると、ホテル売買情報なんかもミズナミ銀行ルートで収集しているのかもしれなかった。

「近藤さん、あけましておめでとうございます。昨年は本当にいろいろお世話になりました。でも、今年ももっとお世話になると思いますので、邪険にしないでくださいね。それと、今日はわざわざ帰社していただいてありがとうございます。」

「ああ。辻田大明神のお願いとあらば、いつでも馳せ参じるよ。それにしてもあの先生、話題の引き出しがいっぱいあるよな。僕のところは会計と財務、それに保険関連だけだけど、客室やレストランのオペレーション、改装計画にマーケティングまで口出ししてるんだって？」

「そうですね。口出しっていうと語弊がありますが、少なくとも今まで我々が行なってきた経営手法とは違うものの見方をお持ちです。辻田先生はそれをフレームワークと呼んでいます。まあ、我々の経営手法が古過ぎただけかも知れませんが。」

「ああ。僕もこの会社に来た時に何度となく『業界ではこうするのが一般的です。』って説明を受けてきたけど、その辺も正しいのかどうか、怪しいもんだな。先生に進言されたユニフォームシステム導入は組織改編と人事システム変更を同時に行なうから大変だけど、なんとか4月の新年度スタートまでには間に合わせたいと思っている。」

近藤と花森が雑談をしていると、辻田がフロントにやってきたとの内線連絡が入った。花森は一階ロビーのフロントデスク前まで辻田を迎えにいく。

「やあ、あけましておめでとう。新年早々、時間をとってしまってすまないね。」

「とんでもございません。こちらこそ、おめでとうございます。本年もよろしくお願い申し上げます。先生の方からご連絡をいただくとは、よほど何かあるんですね？」

「うん、ちょっとね。」

話が複雑なのか、辻田の口は重い。花森は空気を察してあまり話さず、辻田を財務部会議室に案内した。経営企画室兼財務部の田辺ひまりがオフィスコーヒーを配り、「今日は新年のお祝いですので」と言って池袋三原堂の名物「池ぶくろう最中」も置いていった。池袋に住んだ作家・江戸川乱歩が愛したという和菓子の名店だ。３人は包み紙を開けながら話を始める。

「さて、本日近藤さんにもご同席をいただいたのは、帝国生命との賃貸借契約に関する書類がこの前メールしていただいたもので全てかどうかという再確認をしたかったからです。付属の契約書や後日の変更契約は、既に私がいただいているものの他にはないという理解でよいでしょうか？」

「そんな風に言われると自信ないなあ。もう一度調べてみるよ。でも確か、不動産売買契約書と賃貸借契約書そのものの他は、過去何度かに亘って締結してきた賃料減額に関する覚書だけだったはずだ。覚書はメールしてあるよね？」

「はい。では、近藤さんはその他の関連契約がないかを確認しながら私の話を聞いてください。先月ＳＰＣＭがあっという間に契約交渉を打ち切ってきたので、私は彼らが帝国生命との賃貸借契約が普通借家法に基づくものだという期待を持っていたのではないかと考えました。」

「普通借家法？　いや、うちの契約は定期賃貸借契約となっている。」

近藤が契約書コピーの表紙にある契約名称を確認する。

「確か、定期借家法に基づく契約は契約期間更新という概念はなく、期間満了時には一旦契約が終了し、再度契約を巻き直すことになっている。」

「近藤さん、その通りです。正確には定期借家法という法律はないのですが、2000年に改正された借地借家法38条の『定期借家』条項のことを指します。この条項の適用がない場合は普通借家といい、契約期間更新の概念があり、賃貸人が契約更新を拒否する場合には『正当の事由』が必要になります。」

「なるほど。SPCMはうちの契約が普通借家と読み、帝国生命側が契約更新を拒否することができないことを期待していたというわけか。」

「はい。定期借家法は2000年に登場したものの、ホテル業界ではしばらくの間あまり普及しませんでしたから、その推察は妥当なものかと思います。」


辻田と近藤でどんどん話が進むため、花森は待ったをかける。


「すみません、ちょっと確認させてください。普通借家でも『正当の事由』があれば賃貸人は更新を拒否できるとおっしゃいましたね。『正当の事由』って何なんですか?」

「花森君、いい質問だ。正当事由とは何か、はデジタルにすぱっと判断できるものではないんだが、すごく単純に言うと『賃貸人が自分で使う必要性がでてきた』とか『建物の老朽化が進み賃貸人が建て直す必要性が出てきた』みたいな理由がない限り、賃借人に更新意思がある場合は賃貸人は契約更新を拒否できない、ってことだ。」

「なるほど、うちのホテルの建物は築38年ですが、きちんとメンテナンスしてますからまだまだ使えますし、生命保険会社が自社オフィスとして使いたいといっても客室が８００もある建物ではオフィスとして使うことも難しい、だから更新拒否事由が見当たらない、ということですね。」

「うん。もし帝国生命が自社でホテルを直接経営したいと言い出した場合に正当事由に該当するかどうかは判断が難しいところだが、幸いなことに日本では保険会社がホテルのような事業を直接経営することは業法で禁じられている。ということで、普通借家契約だったら、契約更新の可能性が極めて高いと判断され、ホテルメガロポリスの株式価値を大いに評価することができたかも知れない、というわけだ。もちろん、その場合、来期以降の賃料支払後利益がプラスに転じるという確信がなければならない。でも、花森君と近藤さんで作っている来期の損益予測は約80百万円のプラスの当期利益を見込んでいるそうじゃないか。契約更新の確度さえ高まれば、株式価値は大いにプラス評価できる。」

「はい。おかげ様で。ここのところ赤字続きで資本勘定に繰越損失があり、これを利益と相殺することでしばらくは法人税を払わなくていいのも不幸中の幸いです。来期予算は今週中に一度財津さんに素案をお見せしてご説明する予定です。ですが、うちの契約は定期賃貸借契約。賃貸人である帝国生命が合意しなければ、契約更新、いや再契約が望めないという、厳しい状況に変わりはないですね。」

花森はため息交じりにいい、目の前のコーヒーをすする。三原堂の最中はもう食べ終わっており、コーヒーカップの脇には包み紙が転がっている。

「そうだね。ところで、SPCMの狙いについて、もう少し説明させてくれないか？ 花森君たちにとってはもう終わった話なのかも知れないが、賃貸借契約の再契約ができた暁にまた買収提案が復活するかもしれない。そのとき、提案を受けるも受けないも豊島社長の判断。だけど、お二人にはSPCMの投資意欲の背景を知っておいていただいた方がいいと思う。」

「SPCMの投資意欲の背景？ このホテルが将来に亘って収益を生むから、じゃないんですか？」

「そうかもしれないし、そうじゃないかもしれない。実は、SPCMの要代表のことを調べてみた。父親は池袋で小さな出版社をやっていて、豊島社長とはその縁で今回の協議をするに至った、ということは聞いているね。で、要自身だが、現在40才。大学卒業後は不動産業界最大手の菱光ビルに勤めていた。新入社員の頃から優秀で社費でアメリカに留学をさせてもらい、菱光ビルUSAでも働いていた。4、5年前に独立して投資ファンドを作ったが、ファンドレイジング、いわゆる投資家集めに際しては米国時代に培った人脈が活きているらしい。ところで、菱光ビル時代の要の面倒をよく見ていた人物が僕の不動産会社時代からの知人で大関っていうんだ。数年前に彼に会ったとき、昔の部下が独立してファンドを作ったと言っていたのを思い出してね。そして、年末、偶然にも彼の名前をインターネット上で見つけた。大関はいまこんなことをしている。」

辻田が持参してきたインターネットの記事のコピーには「池袋駅西口南地区市街地再開発協議会発足」という見出しと協議会幹部の名前が列挙されていた。そして、事業協力者として菱光ビルが決定したという内容とともに、菱光ビルを代表して再開発事業推進部長の大関が笑顔で協議会理事長と握手をしている写真が掲載されていた。

「へえ。駅前の再開発、前に進むんですね。西口の活性化にとっていいことじゃないですか。」

花森はのん気に声を上げる。

「そうだ。菱光ビルとしては、できればこのホテルも再開発計画に取り込みたいに違いない。再開発は規模がでかいほど付加価値が高まる。」

「えっ！ でもビルのオーナーはうちじゃない、帝国生命です。それに建物も建て直すほどの古さじゃない。」

「その通り。生命保険会社としては安定した賃料収入をあきらめて長期間の再開発計画に加わるのは簡単な判断じゃない。それになにより、君のホテルが賃借人でいる限り、再開発計画に加わることはできない。一般的には賃借人を退去させるには、巨額の立退料が発生する。」

「そうか。賃借人であるうちのホテルを買収することで、この建物が再開発計画に加われる可能性が出てくる、と。もし、帝国生命と菱光ビルが裏で交渉していたら・・・。」

「その場合、大変まずいことになる。ＳＰＣＭ・菱光ビル連合軍はこのホテルの契約があと1年ちょっとで終了することを知っているから、帝国生命に対してとにかく再契約をしないように圧力をかけ、帝国生命を再開発計画に取り込むよう働きかけるだろう。再開発計画がまとまるまでの間は、菱光ビルの子会社のホテル運営会社にこのホテルを運営させておけばいい。」

話の思わぬ展開に、近藤と花森は顔を見合わせる。

「それと、再開発協議会だが、この人もメンバーだ。」

辻田が指した指先の記事には「副理事長：野座間産業株式会社 代表取締役社長 野座間ゆり子」とあった。ホテルメガロポリスの親会社である豊島興産と野座間産業は「東の豊島、西の野座間」と言われるほど、池袋駅をはさんだ両側で不動産開発競争を繰り広げていた。「東の豊島興産」にとってこのホテルメガロポリスは西口進出のための橋頭保だったのだが、20年前のバブル景気崩壊の際には東口の資産を守るために泣く泣くこのホテルを売却した経緯がある。ただ、単に売却して西口を撤退するのは忍びなく、セール・アンド・リースバックの形をとって賃借人としてホテル経営を続けることにしたのだ。それが今のホテルメガロポリスの姿である。

「豊島社長からしたら、このホテルが閉館することで結果的に池袋の女帝・野座間ゆり子に塩を送ることになるのは許せないんじゃないでしょうか？」

辻田はおせっかいながら、豊島社長の心持ちを代弁し、近藤の様子を伺う。

「それはそうだが・・・。だけど、もし帝国生命と菱光ビルが結託したら、うちは手の打ちようがない。賃貸借契約の再契約をするかどうかは、帝国生命の裁量に任されているということだよね、先生？うちが例えどんなにいい収支計画を提示し、賃料増額に応じても、今回の契約期間満了は帝国生命が再開発計画参加に傾くきっかけになると・・・。」

近藤は絶望的な面持ちで辻田の顔を見る。


「近藤さん、そこで私の冒頭の質問です。帝国生命との契約、私が見たもの以外に他にはありませんか？」

「ああ、そうだったね。僕はそのためにホテルに来たんだ。今、売買・賃貸借契約締結時と物件引渡時の書類リストを確認したが、残念ながら、他に契約書類はない。期待に沿えず、申し訳ない・・・。」

「いいえ、残念ではありません。逆です。」

「は？」

「この契約は、定期借家権の要件を満たしていません。」

近藤と花森はまた、顔を見合わせる。新年早々、男同士でこんなに顔を見合わせることなんてあるだろうか。

「定期賃貸借契約という制度は2000年の法律改正によって誕生しました。このホテルの売買と賃貸借、いわゆるセール・アンド・リースバックが行なわれたのはその新しい法律が施行されて間もなくです。この頃は、形式要件が満たされていない契約が締結されていてもおかしくありません。実際、私もホテルとそのテナントとの契約で、要件を満たしていない定期賃貸借契約を目にしたことがあります。」

近藤の手には件の賃貸借契約原本があり、該当条項を右手の人差し指で追いながら、近藤は辻田にいぶかし気に聞く。

「それ、どういうこと？　契約書には『契約期間更新の定めがないこと』は明確に書かれている。」

「はい、ですが、法律では、正確に言うと借地借家法38条2項によれば、契約書とは別に『契約期間更新の定めがないこと』を説明した書面を交付することになっています。」

「両者が合意して調印した契約書に書いてあるのに、わざわざそこだけを抜き出して書面交付をするってこと？ どういう意味？」

「私は法律家ではないので立法の趣旨は詳しくは存じませんが、恐らくそれまでは、いわゆる普通借家法の下では、契約更新があることが前提で作られていたため、定期借家という新しい概念がきちんと説明されていることを証拠として残すことを意図していたのではないかと思われます。いずれにせよ、このセール・アンド・リースバック取引には、通称『38条2項書面』が交付された形跡がありません。となると、定期借家の特約は無効となり、この賃貸借契約は普通借家とみなされます。SPCMもこの付属書面の有無までは細かく確認しなかったということでしょう。」

「でも、辻田先生、帝国生命からしたら、契約書本体に定期借家の合意が記載されていて両者の調印もなされています。たまたま書面交付を失念しただけで、うちのホテルに契約更新権があるなんて主張、受け入れますか？ 私だったら裁判で争ってでも拒否します。」

花森は、法律のことはよくわからないけど、自分が帝国生命の担当者だとしたら当然に取るであろう行動を口にした。

「花森君、それは自然な考え方だ。事実、その論点がいくつかの裁判で争われてきた。そして10年ほど前、初めて最高裁の判決が出た。平成24年9月13日の判例がそれで、38条2項書面の交付がなかったことを根拠に、当該契約は定期借家契約ではないと判断され、契約終了を主張した賃貸人が敗訴しているんだ。昨日改めてインターネットでその事件を検索し、内容を確認したよ。」

「ということは、うちのホテルが来年この建物から追い出される可能性は極めて低い、ということですか？」

花森の心臓はドクドク言い出した。

「そうだね。さっき議論したとおり、『正当事由』の問題はあるが、君のホテルが契約終了で追い出される可能性は低いだろう。ただし、一点忠告しておく。『賃貸人は更新を拒否することが難しい』ということと、『賃借人の主張通りに賃料が合意できる』、ということとは別の話だ。先方が7％の賃料増額を求めてきている以上、先方の主張をある程度織り込んだ金額で合意しないと、今度は適性賃料に関する訴訟が起きてしまう。仮に、他の事例に照らしてホテルメガロポリスでは払いきれない金額の賃料に合意せざるを得ず、しかも実際に賃料支払遅延が起きてしまうと、残存の賃貸借期間の長さに関わらず、債務不履行を理由に賃貸人は契約を中途解約できてしまうんだ。ま、いずれにせよ本件はきちんと弁護士に相談したうえで、帝国生命への対応策を決めるといい。」

「先生、ありがとうございます！　うちの顧問の中島小野常石法律事務所に相談してみます。契約書案文の作成のタイミングで詳しく相談させてもらうつもりだったんですけど、それじゃ遅いですね。弁護士事務所はいつが仕事始めなのか知りませんが、すぐ中田先生のアポを取るようにします。」

「それがいいね。それと、これまで賃貸借契約終了や株式譲渡の可能性があり、なかなか投資に踏み切れなかったプロジェクトがあったと思う。『ファイン・ワイン』の改装計画なんかはいい例だね。あれはクラブラウンジ設置による客室部門の単価向上とレストランスペース二毛作を通じて料飲部門の売り上げ増加の双方が期待できる。賃貸借契約期間が更新され、株式も売られない、という目途が立つのであれば、今すぐにでも投資の実施計画に着手した方がいいよ。早く結果を出すには早く計画を作り、実行しなければならない。タイムバリューの概念、忘れていないよね？」

「はい。それはもちろん！　何だが、元気が出てきました。」

急に明るくなった花森とは裏腹に、近藤はまだ浮かない顔だ。

「でもさ、先生。契約が更新されるとなると、ＳＰＣＭがまた豊島社長のところにすり寄ってきてホテルの株を売らないか、と言ってくる気がする。社長はこのホテルの株主として残ってくれるかな？　僕は銀行からの出向者に過ぎないけど、このホテルに愛着があるし経営改善を一生懸命にやっているつもりだ。何としてでも、豊島興産グループとして経営再建を目指していきたい。」

「近藤さん、社長が株を売る気になるかどうかは近藤さんや花森君の行動次第でしょう？　要はＳＰＣＭが支払う用意がある買収金額よりも大きい利益が将来に亘ってたたき出せるということを、社長に示さないとなりません。それに、ＳＰＣＭの狙いが僕の見立て通りで、最終的に帝国生命に西口南地区再開発への参加を促し、このホテルの賃借権を帝国生命に売りつけて儲けようとしているのであれば、豊島社長はそれを阻止したいんじゃないでしょうか？　菱光ビル・野座間産業連合軍の儲けをより大きくさせる可能性があるなら、豊島社長はＳＰＣＭにこのホテルを売らない気がします。」

「なるほど、そうだ。だとすると、豊島社長に報告するときは再開発計画は菱光ビルと野座間が主導している、ってことも強調して説明しないといけないわけだ。」

「そうですね。まあ、地元の不動産再開発の話ですから、豊島社長は再開発協議会の話は流石によくご存知でしょう。むしろ、菱光ビルとＳＰＣＭの関係の説明が肝心です。まあ、大関―要のラインはあくまでも私、辻田個人の『読み』でしかありませんが。」

「了解。それにしても、先生。この38条2項書面の件、よく気付いてくれた。ホテルを代表して感謝します。」

「いえいえ。不動産屋なんて、なんか抜け道がないか、いつも考えている種族ですから。」

「いや、ビジネスにはその姿勢が重要だ。なんか祝杯をあげたい気分だな。辻田先生、これから一杯どう？ 卒論指導は明日からでもいいでしょ？ 花森はどうせ大した仕事してないから、文句なく付き合えるよな？」


辻田は苦笑して頷いた。花森も賛同しかけたが、ふと思いついた。


「その前に、皆さんで初詣に行きませんか？ これまで一度も行ったことなかったんですけど、今年は神頼みが必要かと思って、予め西池袋の鎮守を調べておきました。北池袋を山手通りの方にいったところ、ここから歩いて15分くらいのところに御嶽《みたけ》神社、っていうのがあります。如何ですか？」

「うん、いいアイデアだ。そこでお神酒にありつけるかもしれないし。先生、大学がキリスト教だから初詣はダメ、とか言わないよね？」

「ご心配には及びません。不動産会社勤務の頃は毎年初詣に行き、11月には酉の市で『熊手』を買って商売繁盛を祈っていましたよ。」

意気投合した三人はホテルを出て、御嶽神社に向けて歩き出した。近藤と辻田が神社によって柏手の作法が違うという他愛もない話を始めた頃、花森は森本の携帯電話に電話をかけた。できるだけ早くこのニュースを彼女にも伝え、安心して休暇を過ごせるようにしてあげたかったのだ。森本は最初のコールで電話に出た。

「花森さん、どうでした？」

どうやら辻田とのミーティングが終わる時間を見計らい、電話がかかってくるのを待っていたようだ。花森ははやる心を抑え、賃貸借契約の更新ができそうなことをかいつまんで説明した。電話の向こう側では森本が「本当に！　よかったぁ。」と声をあげたあと、しばし沈黙があった。感無量らしい。

「というわけだから、慌てて帰ってこなくても大丈夫だよ。少し遅い正月をご両親とゆっくり過ごして来てね。」

花森は何気なく、気遣った言葉をかけ、電話を切るつもりだった。だが、森本は予想に反し、打ち明け話を始めた。森本が花森と初めて会った15年前のホテルビクトリアパレスでの家族3人でのディナーがとても楽しい思い出だったこと、その後父親が過労で倒れ帰らぬ人となってしまい、家族3人での誕生日ディナーはあれが最後となってしまったこと、その楽しい思い出を作ってくれたホテルというところで働きたいと心に決めたこと、立身大学観光学部に入学が決まりとてもうれしかったこと、久しぶりにホテルビクトリアパレスに赴いたらホテル名が変わっていて思い出の展望レストランもなくなっていて衝撃を受けたこと、ホテルメガロポリスに就職が決まりホテルビクトリアパレスでサーブしてくれたと思われる花森と一緒の職場で働くことができてうれしかったこと、そして、そのメガロポリスが存亡の危機に瀕し花森と一緒に経営企画室で戦ってこられたこと。

「思い出が詰まったホテルビクトリアパレスがなくなっていて悲しい思いをしました。そんな思いをうちのホテルのお客さんにさせたくありません。でも、そのためには『おもてなし』だけじゃなく、経営理論が必要だとずっと思っていました。今回、経営企画室に異動させてもらえて、経営改善策を考えて、そして契約が更新できることになって、わたし、本当に幸せです。今日母の実家に帰ってきたばかりなのに、早くホテルに戻りたくて、うずうずしてます。花森さん、待っててくださいね。」

この子は強いな、と花森は思う。これまで自分も、知らないうちに森本の明るさと強さに支えられてきたのかも知れない。花森は「森本がいなくても仕事は回っているから大丈夫、ごゆっくり。」と強がりを言い、電話を切った。

花森一行が御嶽神社に向かう道は低層住宅が並び、都心とは思えないのどかな風景が続いていた。神社のシンボルツリーが見え始めたころ、花森は神社の前の片側一車線の広い車道に黒塗りの車が停まっていることに気づいた。運転手が中で待機している。神社の敷地は思ったより広くなく、参拝者でにぎわっている。

「野座間ゆり子だ。」

近藤が小声で叫んだ。境内からは数名の男女が雑談をしながら出てきた。その中で、白いスーツでとりわけ目立ったのが野座間ゆり子だった。年齢は70才くらいだが、背筋がすっと伸び、足取りにもエネルギーを感じる。彼女もまた、少し遅めの初詣を行なったところだったようだ。彼らは足早に車に乗り込み、次の目的地に向かって走り去っていった。「仕事始め」の挨拶行脚が続いているのだろう。花森一行が境内に入ると、社務所脇の寄付者奉名版と積んである寄付されたお神酒には野座間の名前が刻まれており、否が応でも目に入る。

「そりゃそうだ。西口は野座間の地元だもんな。どうする、敵地でお参り、する？　しない？」

近藤が問題提起する。花森は「もちろん・・・」と言い、率先して賽銭箱の前に立ち、奮発して500円玉を投げ入れ、祈り始めた。近藤と辻田も続く。一礼後、社務所で護符を買いながら、近藤が独り言を言う。

「まずは何より、帝国生命との契約更新だよな。向うは2項書面のこと気付いているかわからない。気付いていないとすれば、ひと悶着ある。できるだけ平穏な契約交渉になるよう、祈ったよ。」

「僕はうちのゼミ生が無事に卒業できることを祈りました。神頼みなんかしてないで、卒論指導しろよ、と言われそうだけど。花森君は？」

「はい。うちのホテルがずっとあそこで経営できますようにって。帝国生命との契約だけの問題じゃないです。もっと収益力をあげ、親会社に頼らずとも自力で資金調達して必要な改装工事が行なえる。そうやって自転していくホテルを作り上げていきたいです。」

「新年の抱負とはいえ、やけに大きく出たな。」


近藤が混ぜっ返す。


「いえ、実は大きな話ではなく、小さな話の積み上げなんだなと思うようになりました。経営企画室に来て9ヶ月、ホテル経営を見る目が変わってきたように思います。なんていうか、これまではただ接客して運営しているだけだったんですけど、ここのところ『経営』をする視点が身に付いてきたような気がします。これを続けていけば、今後も自分たちの職場を守り続けていけるのではないかと。そのための努力を怠らない様にしようと思います。そのためには、経営学をもっと学ばないといけないですね。辻田先生、引き続きどうぞよろしくお願いします。」

「いや、君の方針演説はすばらしい。一年の計は元旦にあり、だ。その姿勢、大切にね。継続的に経営を改善していくには、Plan-Do-Check-Action サイクルを確立することが肝要だ、って話、まだしていなかったっけ？」

「まだです。」

「そうか。まあ、あまり難しい話ではないから、ホテルの方に戻る道すがら、説明しよう。」

「せっかくだから、僕も聞かせてもらうよ。」

「近藤さんは銀行員だからＰＤＣＡサイクルは身に付いていると思いますよ。でも日本の企業では試行錯誤を良しとする風習がないから、サイクルが確立できているところが意外と少ないですよね。で、花森君、P、D、C、Aは、それぞれ、Plan、すなわち計画、Do、すなわち実行、Check、すなわち成果の検証、そして、Action、検証に基づく修正計画実行、のことだ。これをぐるぐると繰り返すことが試行錯誤を重ねて経営改善を継続的に行なっていくうえで大事って話だ。まあ、この話自体は大して深みもない。では、質問。Plan、Do、Check、Action のうち、日本の会社で一番弱いフェイズはどれだと思う？」

「それはもちろん、Check、検証ですね。計画はやりっぱなしで、反省会をしないとか、よくあります。」

「確かに。でもね、僕は計画の立て方が悪いことが反省会をしにくい原因じゃないかと考えている。例えばホテルの年度マーケティング計画でよく『旅行代理店との取引深耕』っていう目標をみるんだけど、それってどういう意味だと思う？」

「えっと、団体客の取り扱い量を増やすとか、旅行パンフレット掲載の順番を前の方に持ってきてもらうとか、そんな感じですか？」

「うん、だったらそういう目標を立てればいい。代理店と仲良くなることは手段であって、目標ではない。例えば、昨年は3校しかなかった高校修学旅行の扱いを今年は5校の予約を取り付ける、とか、数字も入れて具体的にね。もし『手段』達成度合いも業績考課に加えるというのであれば構わないけど、それでも『取引深耕』というあいまいな表現はよろしくない。前より頻繁に旅行代理店の人と会うだけでも達成したことになるかも知れないし、前年度より多く担当者と飲みにいって交際費を多く使うことで評価されてしまうかも知れない。」

「まあ、あいまいな方が業績考課のときに何とでも言えますからね。」

「でも、それじゃダメだ。近代経営では、SMARTゴール設定、ということが推奨されている。近代といっても1981年に発表されている論文がベースだから、実は相当古いけど。でも、残念なことに、多くの日本企業にとってはまだ『新しい』んだ。SはSpecific、具体的であれ、ということ。MはMeasurable、測定可能であること。AはAchievable、達成可能であること。RはRelevant、経営目標と関連性があること。そして、TがTime-bound、時間制限を設けること、例えば、8月末までにこれをやります、といった具合だ。個々人が設定する『今期の目標』はこの5点に沿って立てるといい。というか、そうでないと、実行、検証がうまく行えない。逆に大きな目標達成のために個々人の目標があるわけだが、大目標達成ができなかったときに、ブレークダウンしてどの個人目標がボトルネックだったか、という分析も行なえる。ブレークダウンが大事だということは、これまで何度も話をしたよね。」

「はい。SMARTゴールですか、いい響きですね。うちのホテルでも実践してみます。」

近藤がその話を引き取る。

「じゃあ、花森。新年最初のSMARTゴールだ。これから我々が行くべき飲み屋を至急探してきてくれ。その店に僕が満足すれば、財務部の予算で払ってやる。タイムリミットはあと10分。どうだ、SMARTだろう?」

花森は近藤にこの話を聞かせたことを後悔した。そして、駅の方に向かって走り出した。

第十一章

エピローグ

まだ風が冷たい3月。ホテルメガロポリス社長兼豊島興産社長・豊島吾郎は、池袋駅東口の本社ビル内にある質素な社長室で腕を組みながら、机の上の電話と、その脇にあるホテルでのイベント企画書を交互ににらみ付けていた。企画書はマーケティング支配人の阿部が起案しており、内容はホテルの宴会場を使ったトークショーだった。テーマは「池袋開発の歴史」で、豊島自身が親子2代に亘る社業を語ることになっている。池袋発展の歴史は、戦後の闇市からの再開発の話にほかならず、その再開発を担ってきた豊島興産の歴史そのものである。そして、豊島吾郎の父・一郎は裸一貫でこの会社を大きくした立て役者なのだ。池袋西口南地区再開発の話を聞いた阿部が、この話題で地元客を集めたトークショーを行なえば集客できると主張し、企画立案に至った。豊島は、意を決して、受話器を取り、電話をかける。

「ああ、野座間さん、お久し振り。豊島です。すっかりご無沙汰しております。実はうちのホテルで今度、池袋再開発をテーマにしたトークショーを行なうことになりましてね。僭越ながら私も話をするのですが、野座間産業さんの開発なくして池袋の歴史は語れない。ぜひ、野座間さんにもご登壇を賜りたいと…。」

阿部の企画の最大の目玉は、豊島吾郎と野座間ゆり子を同じステージに立たせて対談をさせること。普通のセミナー企画担当者であれば怖気づいて絶対に実現できない顔合わせだ。財津以下、ホテルの支配人クラスはそんな企画、豊島社長が絶対にOKを出さない、怒られる、と反対したのだが、一切の責めは阿部が負うと啖呵を切ったため、社長まで企画書が回ったというわけだ。

実は、まわりが忖度するほど、豊島と野座間の仲は悪くなかった。確かにお互いの親の世代は東と西に分かれた開発競争を激しく行なっていたが、いまや全国区でライバル同士の菱光ビルと五井不動産が共同でビル開発をする時代だ。池袋という狭いマーケットの中でいがみ合っていては外部資本にうち勝つことができない。これまで実績はないものの、両雄は密かに共同開発の相談をしたこともある。しばしの沈黙の後、野座間は登壇を快諾した。野座間は「久し振りにお宅のフレンチが食べたいわ」といい、豊島は招待を約束した。改めて登壇の礼を言い、電話を切ったあと、豊島は少し目を閉じる。今まで、こんな企画書が自分のところまで上がってくることなどなかった。これまでは皆、ある意味豊島のイエスマンで、前例踏襲主義者ばかりだった。帝国生命との一件は辻田というフジコーの生き残りに救われたが、彼に感化されてホテル経営陣の姿勢そのものが変わってきているということか。自分ももう少し真剣にホテル経営に関わってみよう。旧世代の不動産屋である自分でも何か付加価値が付けられるかもしれない。豊島はホテルの組織図を改めて眺めてみる。窓からは柔らかい春の日差しが差し込んでいた。

＊　＊　＊　＊　＊

同じ日差しは、日本橋のとあるビルの9階に入居している料亭「日本橋・深田」の個室にも注がれていた。普通は一軒家かビルの低層階に位置し、日が沈んだ後のディナータイムを主戦場とする料亭にとって、自然光が燦燦と差し込むという設えは意外性がある。ホテルメガロポリス総支配人・財津浩二は、そこで銀座東洋ホテル時代の旧友・菅原清隆と遅いランチをとっていた。菅原は銀座東洋ホテル閉館後に自らホテル運営のコンサルティング会社を設立し経営は順調のようだ。もし予算が合うようであれば財津は今回の一連のアドバイザー役を菅原に依頼するつもりだった。

「財津のところ、最近調子いいらしいじゃない。ウチにお鉢が回って来るかと思って待っていたのに。賃貸借契約も無事に更新されるんだってて？」

「耳が早いな。そういう噂はどこから回って来るんだ？　まさか、うちのホテルに菅原のスパイがいるとか？」

「まさか。まあ、いろいろあるさ。でも、よかったな。賃貸借契約が終了して追い出される経験は銀座東洋だけでたくさんだ。」

「ああ。あの時は『こんなにお客さんに愛されているホテルなのに何故閉館の憂き目に逢うのか』って、ビルのオーナーを呪ったよ。でも、今回はもっと冷静だった。要は、ビルのオーナーが期待するリターンをあげられないオペレーターはそこでホテルを経営する資格がない、ただそれだけのことだ。どんなにサービスクオリティが高かろうと、顧客満足度が高かろうと、期待される賃料を払えなければ、生き残れない。」

「僕は銀座東洋を辞して早々にコンサルティング会社を作ってその世界に飛び込んだから、財津の言うことはよくわかる。でも、収益が出せなければ首になるという危機感を持って運営にあたっているホテリエは少ないよね。電鉄系で資本力があるところなんか、そういった危機感は全然ないし、開発予算はあるし、まったくもってうらやましくなることがある。」

「そうだな。まあ、うちは独立系だが、何とかやっていけそうだよ。菅原のところにコンサルを頼むよりずっと少ない費用で大学教授を雇って、コンサルティングというか、コーチングというか、考え方の整理というか、そんなことをやってもらった。コンサルティングもフルサービスで分析をしたりレポートを書いたりまでしてもらえれば楽なのかも知れないけれど、逆にそれだとなかなか身に付かない。予算がなかったからこんなやり方になったけど、今ではそのおかげでホテル経営を管理するプロが社内で育ちつつある。」

「へえ。財津がそんなに褒めるなんて珍しいな。そいつ、うちに引き抜いちゃおうかな。」

「やめてくれよ。もうしばらくは胃が痛い思いをしたくない。」

旧友たちは笑いながら、料亭の味に舌鼓を打った。

＊　＊　＊　＊　＊

その頃、日本橋から南に３㎞下った内幸町のミズナミ銀行本店では、ホテルメガロポリスに財務部長として出向中の近藤誠一が人事部に呼ばれていた。人事部次長の木曽隼人が切り出す。

「近藤君には豊島興産経由でホテルメガロポリスに出向してもらっていたわけだが、そろそろいいだろう。実は、この４月に銀行内で組織改編がある。まあ、銀行にとって組織改編は年中行事みたいなもので、それ自体はどうということはない。ただ、今回は審査部に業種別ラインを入れることにした。本部も支店もなく、大企業も中小企業もなく、単純に業種別に審査する力を蓄えようという試みだ。その宿泊事業ラインのヘッドに審査役の待遇で、君に戻ってきていただきたい、というわけだ。」

「へえ、出向するとき5年くらい覚悟せよと言われていましたが、まだ3年ですよ。」

「個人の人事より、銀行の組織編制が優先されるのはいつものことだろう。どうだ、すぐ戻ってこられるか？　君の後任の財務部長は銀行から出す予定はないから内部昇格をさせる必要があるだろうが、そのあたり、出向先とよく相談してくれないか？」

少し前の近藤ならこの出向解除・本部配属の話に二つ返事で飛び乗ったところだが、今メガロポリスを自分が離れて大丈夫だろうかという不安がよぎる。それに、この1年でせっかくチームの一員になれた気がしたのに、そこを去るというさみしさもある。でも、自分は銀行の人間だ。銀行の人事には逆らえない。銀行からホテルに転籍せよと迫られるのならともかく、自ら銀行を辞してホテルに移籍したら給与は下がるかも知れないし、その後のキャリアパスも不透明だ。自分の家族のことを考えたら、そんな冒険はできない。

「わかりました。今ちょっと大きなプロジェクトを抱えていまして、すぐ来月から審査部というのは難しいかもしれませんが、身に余るお話をいただき光栄です。では、出向先と出向解除のタイミングを相談させていただき、一両日中に改めてご連絡するように致します。それと・・・」

近藤は思いつき、木曽に提案する。

「私の今回の出向経験を活かすとなると、銀行はこれまでの財務分析偏重主義ではダメだと思います。財務分析ではホテルの経営は見えません。取引先にはユニフォームシステムというホテル会計基準導入を促し、当行独自のベンチマークを整備することで他行に先んじた審査体制が確立できると考えます。そのための予算付けと人繰りをご検討ください。」

「わかった。君の意見は審査部長に伝えておくよ。近藤君、出向先でいろいろ学んだようだね。素晴らしいことだ。」

出向解除の話をしたら、財津GM以下、ホテル活性化委員会のメンバーはなんていうだろう。自分が出向者であることは皆知っているし、いつかは出向解除になることも知っている。思いのほかドライな対応となるのかもしれない。だとしたら、少しさびしい。あれ、自分の帰属意識はいつから銀行ではなく、ホテルメガロポリスになっていたんだろう。近藤は窓の外の青空を見上げた。

＊　＊　＊　＊　＊

その青空から降りてくる航空機を尻目に、ホテルメガロポリス料飲支配人の村上修造は、羽田空港のＡＮＡラウンジ内をつぶさに見て回っていた。これから香港に出張し、ホテルのクラブラウンジの先進事例を視察に行くのだが、村上はエアラインのラウンジコンセプトに注目していた。ホテル活性化委員会で俎上に上った「ファイン・ワイン・ダイニング」分割案が協議されるなかで、レジャー客とビジネス客（もしくは大学のゼミグループ客）が共存できるエリアを作り上げるにはエアラインラウンジが参考になるのではないか、という意見が出たからだ。確かにエアラインラウンジはファーストクラス・ビジネスクラスの上客に満足してもらう必要があり、一方でその旅の目的はビジネスだったり、レジャーだったり、様々だ。場合によっては、エアラインラウンジで商談をしたり、ビデオ会議に出席したりするニーズもある。池袋という巨大ターミナル駅前のフルサービスホテルのＶＩＰゲストミックスと似ている、というわけだ。

「こりゃ、今のレストランレイアウトからは大幅な改装が必要だな。改装予算との兼ね合いでどのあたりで妥協するか、か。」

村上は思わず、独り言を漏らす。もともと、改装予算を節約すべく、重厚なフレンチレストランの内装をそのままにモダンフレンチにコンセプトを変更した経緯があるが、やはりそれでは店の内装と提供メニューにミスマッチがある。レストラン経営不振の一因はそこにもあるのかも知れない。他方、エアラインラウンジは高級感を損なうことなく明るくモダンな内装を実現しており、また、ダイニングスペース、ソファスペース、PCカウンターテーブルなど、用途に合わせたシーティングの区画を構成しており、それらが一定の調和を保っていた。

もうひとつ、村上が気づいた点がある。ラウンジ入室の際にプレミアムクラス搭乗ではないのにラウンジに入っている人が予想以上に多い、ということだ。彼らはエアラインの獲得マイルが多くエリート会員に昇格したことで、エコノミークラス搭乗でもラウンジにアクセスできる。彼らはラウンジ入室の際にエリートステイタスカードを提示するのですぐにわかる。彼らはエリートステイタス獲得のため、積極的にそのエアラインだけに搭乗し、マイルをためる。独立系のホテルメガロポリスにも会員システムがないわけではないが、客室部門の客だけが対象で、あまりうまくいっているとは言えない。むしろ、リピートが期待できる地元客に向けてレストランでもポイントが溜まるシステムを構築し、一定程度溜まったらラウンジに招待するというインセンティブを設けてはどうか。村上は我ながらいい考えだ、と思う。続きは、香港行きの機上で考えよう。「ファイン・ワイン」でも提供できそうな、そこそこ上質な、でも高くないワインを飲みながら。

＊　＊　＊　＊　＊

　村上が羽田空港のラウンジをうろうろしているころ、ホテルメガロポリスのマーケティング支配人・阿部まりあはマーケティング部の部下２名と池袋御嶽神社に来ていた。自慢のウェーブした髪は後ろに束ね、スプリングコートにパンツルック、レディーススニーカーという、いつもとは少し違う服装だ。しかも、顔にはマスク。どうやら、花粉症らしい。それでも、今日はホテル近隣を歩いて回り、マーケティングのネタを拾うという予定になっている。

「うーん。確かにここまでホテルから徒歩15分、しかも道中、他に目ぼしいアトラクションもない。更に、神社自体は意外と小さくて地味、ときた。これじゃ、近隣観光スポット的な案内には不向きね。」

「ですけど、阿部さん。ここの身代わり守、フクロウの刺繍がついていてとってもかわいいんです。イケフクロウを擁する池袋の地元っぽくて良くないですか。以前おっしゃっていた、差別化要因、地元らしさを表す sense of place ですよね、これ。」

部下のひとりが、神社訪問を薦めた手前、必死で神社のセールスポイントをプレゼンする。

「それは、わかる。でも往復30分ちょっと、このためだけにお客さまの時間を使ってもらうには訴求力不足かな。えっと、地図を見るとこの先に緑道がある。ちょっとそこまで行ってみましょう。」

阿部は自身のスマートフォンを見ながら率先して神社から西に更に数分歩き、山手通りの手前にその緑道を見つけた。あまり手入れが行き届いている感じはしないが、レンガを敷いた小道が南北に、文字通り住宅地を縫うように伸びている。

「名前は谷端側南緑道・・・なるほど、昔は川だったところが今は暗渠となり、遊歩道になったというわけね。ブラタモリでタモリさんが飛びつくようなネタだわ。」

阿部はスマートフォンのGoogleマップで情報を収集する。元々は川沿いだったから、緑道の両側には生活感が残る街並みが続いている。阿部は何かを思いつき、しばしマップをいじる。部下の二人は何事かとその様子を見守る。

「うん、沿道にはいくつかトイレがあるし、立身大学と同じ宗派、日本聖公会の教会もある。神社と絡めれば地元のストーリーには事欠かないわ。ひとつひとつのコンテンツは弱いけど、この辺をぐるっと走るジョギングコースを作りましょう。コース中に急な坂がないのもポイント。ホテルに帰ったらすぐにジョギングマップを作ってみて。地図上で見た感じ、一周だいたい3・5㎞。まあまあな距離ね。そして、朝走る人が多いでしょうから、御嶽神社には早朝もお守りを売ってもらえるように交渉しましょう。神社の人気が出たら、ホテルからウォーキングツアーを出してもいい。その場合、江戸川乱歩邸の見学も混ぜてね。」

阿部は矢継ぎ早に指示を出す。「ホテルのプロダクト開発は館内だけじゃない」という辻田の言葉は、阿部の耳にも届いていた。阿部は、新宿西口には新宿中央公園という大きな公園があり、近隣のホテルはそこをジョギングマップの中心に据えていることを知っていたが、残念ながら池袋西口にはそのような大きな公園はない。大学のキャンパスはあるが、なかは意外とごちゃごちゃしているし、構内には部外者、しかもランナーはみだりに入れないだろう。ジョギングマップなんてなくてもいいと思っていたけど、他のホテルにあるのに自分のホテルにないのは、ちょっと悔しい。

「これまでうちのホテルは、駅前立地であるが故に駅から遠い方のコンテンツをあまり見てこなかったようね。でも、ホテルのまわりのものは何でも使いましょう。」

「阿部さん。別に反対するわけではないのですが、ジョギングマップって、そんなに大事ですか？」

阿部の部下のひとりが素朴な質問をする。阿部は笑って応える。

「いいえ。ジョギングマップひとつでお客さまがうちを選ぶわけではないわ。でも、ひとつひとつの積み重ねがうちのホテルを特別なものにしてくれるの。今はまだジョギングマップを提供するホテルが少ないから差別化要素、英語で differentiator っていうけど、他のホテルとの違いを出す小道具のひとつになれる。でも、しばらくするとみんな真似して、むしろそれがないと客が満足しないという必須要素、satisfier になっていってしまう。マイルが溜まる優良顧客プログラムや客室内のWi-Fiもみんな同じ道を通ってきた。だから、うちが宿泊価格以外のところでお客さまから選んでもらえるようになるためには、少しでも他社に先行して小さな差別化要素を積み上げ続けるという、地味な努力が大切なの。」

部下の二人は大きく頷いた。阿部は、神社に戻って、まず自分がフクロウのお守りを買おうと思った。

＊　＊　＊　＊　＊

そのころ、経営企画室唯一の専属平社員、森本玲奈はホテルの施設管理部長・本宮淳司とホテル地下2階の機械室にいた。彼女のショルダーバッグには、フクロウの刺繍が施されたお守りがぶら下がっていた。

「森本ちゃん、お守りかわいいね。それ、御嶽神社のだろ？うちのホテルであそこに行ったことある人あんまりいないんだよね。でも俺は、毎年あそこに初詣に行ってホテルの安全を祈願しているんだ。」

「そうなんですね。わたし、初詣には行きそびれたんですけど、花森さんが買ってきてくれて。」

「そう。フクロウは『不苦労』、苦労しない、に通じるらしいけど、なんか苦労ばっかだよな、俺たち。一体、どこまでご利益あるんだか。」


これまでの事情を知らない本宮がぶつぶつと不満を述べる。


「そんなことないですよ、霊験あらたかです！うちのホテル、守られてますって。それより、さっきのお話なんですが、設備類には今のところ特に異常はなく、長期修繕計画に従って更新投資をしていけばよいと。本当に不具合はないですか？予算がつくかどうかはともかく、向こう10年間でどのくらいの設備更新投資が必要なのか、経営企画室としてはできるだけ正確に把握しておきたいので。」

「いや、長期修繕計画通りでいいと思うよ。だいたい、ほとんどの設備は帝国生命が持っている。大規模な更新投資するのは帝国生命の方だ。まあ、強いて言うと・・・」

「強いて言うと、何ですか？」

「寒暖の変わり目に宿泊客から空調に関する苦情が多い。これは全館一斉に冷房か暖房に切り替える、２管式という空調システムを使っている以上仕方ないことなんだけど。例えば梅雨の時期、肌寒いと感じる人もいれば、暑いと感じる人もいるよね。でも、ホテルとしては冷房か暖房のどちらかを選ばざるを得ない。」

「そのコンプレイン（客の苦情）、私も聞いたことがあります。今回の契約更新のタイミングで帝国生命にお願いして、各部屋ごとに冷暖が切り替えられるような空調システムに入れ替えてもらえばいいんじゃないですか？」

「そんな簡単な話じゃないよ。まず、投資金額がでかい。たかが空調システムと思うなかれ、数億円単位のカネがかかる。それと、ホテル営業を何週間も休止して工事する必要がある。その間のホテル売上の機会損失がでかい。あと、４管式にするには各部屋のパイプスペースを大きくする必要があるけど、その分、客室が狭くなる。そりゃ、全館閉鎖の大規模改修工事はいつかはやらなきゃいけないけど、今じゃない。まあ、そのときまでは見送りだ。」

「なるほど、設備の不具合ではないけど、設備のスペックが時代の要請に合わなくなってくることがある、ってことですね。花森さんには情報として報告しておきます。では、本日はありがとうございました。」

「ああ。とにかく、これからも帝国生命がきちんと設備投資してくれるよう、しっかり交渉しておいてくれよな。」

「はい。花森さんに伝えておきます。」

地下二階から地下一階にあがるバックオフィスの無機質な階段を昇りながら、森本はそっとフクロウの身代わり守に触れた。

「花森さん、契約更新の交渉、がんばってくださいね。」

＊　＊　＊　＊　＊

そのころ経営企画室長花森心平は、帝国生命との契約更新交渉の戦略打ち合わせのため、丸の内にある中島小野常石法律事務所に来ていた。アポイントメントの時間よりも少し早く到着してしまったため、会議室に通されるまでの間、花森はロビーのソファに座りながら窓の外を眺めることにした。本来は財務部長の近藤も同席するはずだったのだが、急に出向元の銀行に呼ばれたとのことで、遅れて参加することになっている。皇居を見下ろすレセプションからの眺望は圧巻で、ここにレストランを作ったら毎日満席だな、と花森は思う。もっとも、ここはどんな高級レストランのコース料理よりも高い時給を請求する弁護士がいるファームである。そこに何があると便利か、ではない。そこでどんなビジネスをしたら一番儲かるか、でビルの用途は決まる、と辻田は言っていた。ここでは、レストランではなく、弁護士事務所が一番儲かる、ということなのだろう。花森のホテルも、他の用途に負けないような収益性を目指さなければならない。

38条2項書面がないことから当該賃貸借契約書における定期借家特約が無効であり、普通借家としての契約期間更新を申し入れたホテルメガロポリス側の通知に対し、帝国生命担当者は当初大慌てだった。会社内では定期借家という説明を引き継いできたのであろう。だが、中島小野の中田弁護士が起草したホテルからの通知書があまりにも理路整然としており、先方の戦意はすぐに失われた。帝国生命側でもさっそく弁護士確認を行なったのか、以後の交渉の争点は更新後の契約期間、賃料水準、賃料増額を認めるにあたっての賃貸人による設備更新投資などに集約していった。

思えば、この一年間はあっという間に過ぎた。その間、これまであまり考えずにいた「ホテル経営で収益を上げるとはどういうことか」について、いやというほど考えさせられ、それに必要な考え方、辻田の言葉を借りればフレームワーク、を学んできた。これまでだってビジネス書を読んだりセミナーに出席したりして経営学の一端を学んできたつもりだったが、いざ当事者として実践することになると自分の理解が如何に中途半端であったかを痛感する。一方、フレームワークを理解し実践することは楽しくもあった。大学卒業後15年で初めて勉強がおもしろいと感じた。そんな中、帝国生命との契約がどうなるか次第では来月以降自分自身の仕事がどうなるかまったくわからない状態であったにも関わらず、花森はこの4月から立身大学のMBAコース、通称、立身ビジネススクールに入学することになっていた。辻田の所属する経営学部の運営である。社会人でも単位が取れるように講義は平日の夜間と土曜日に開講される。職場から徒歩で通えるし、これなら、多少仕事が忙しくても両立できるだろう。花森は財津にその意向を伝え、財津からは推薦状を取り付けた。さらに、あのけちな豊島社長が多少なりとも奨学金を出してくれることになった。一方、大学側の入学審査はというと、辻田の口利きでどうにかなるものではなかったが、先般めでたく入学許可が出たところだ。

花森のビジネススクール入学にあたり、辻田はこんなことを言っていた。

「花森君。欧米ではMBAを取得すると給料が上がったり会社での役職が厚遇されたりすることが多い。だから、できるだけいい大学のMBAを取得することに躍起になる。だが、日本の企業は年功序列制度が色濃く残っていて、修士の肩書は役職・給与水準にあまり影響しない。だから、出世のためにＭＢＡを取得する、という目的意識ではダメだ。あくまでも、経営理論を身につけること、そしてそれをどこでも実践できるようにすること、を目標にした方がいい。そして、その能力はどこにいっても役に立つものだ。それが君の資産になる。」

その通りだと思った。皇居ビューから視線を外し、腕時計を見る。あと、５分ほどでミーティングの時間だ。と、花森のスマートフォンが鳴った。発信元の電話番号は電話帳登録がなく、見覚えもない。応答には少し躊躇したが、面倒な話だったら掛け直せばいい、と考え直し、応答する。

「はい。ホテルメガロポリス、花森です。」

「ああ、お忙しいところ、お呼び立てして申し訳ございません。わたくし、初めてお電話申し上げます、セントポールキャピタルマネジメントの要勝人と申します。花森さんのホテルメガロポリスにおけるご活躍の噂は部下から伺っています。さて、不躾な話で大変恐縮なのですが、この度、うちのファンドがある経営不振のホテルを買収することになりました。もちろん、メガロポリスではありません。で、花森さんには是非、当社に加わっていただき、ターンアラウンドマネジャーとして腕を振るっていただきたいのです。」

予期せぬことが起きると、人間、思考が停止する。花森はどんな受け答えをすべきなのか、まったく思いつかなかった。確かにSPCMの担当者とは昨年末に情報開示のやりとりを何度かしたが、要本人とは一度も話をしたことがなかった。ファンドの代表から直々の電話とは。しかも、そのファンドへの転職の誘いである。

「あ、あの、申し訳ございませんが、これから会議なので・・・。」

「あ、大変失礼致しました。本日は取り急ぎ、ご挨拶まで。後日改めまして、うちの担当者から当社の業務案内を送らせていただきます。また、追ってご連絡差し上げます。」

皇居の景色を眺め、心が平穏になっていたところに、突然、大きな波風を立てられた気がする。これから、弁護士との大事な打ち合わせなのに、集中できるだろうか。あの電話ですぐ断ればよかったのに、なぜ断らなかったのだろう？　心のどこかで、ファンドで働くことに興味を持っているのだろうか？　そもそも、1年やそこらホテルの経営改善に関わった程度の人間が、投資ファンドの役に立つのだろうか？　要のイメージも変わった。直接話すまでは、投資ファンド＝悪者、のイメージしかなかったが、電話応対は極めて紳士的で、それでいて押しが強い。まだ会ったことはないが、ファンドの裏にいる投資家からの信頼が厚い人間なはずだ。きっと魅力的な人なのだろう。

「花森様。ホテルメガロポリスの花森様。」

受付の女性が自分を呼んでいる。花森は我に返り、両頬を平手でパン、と叩いて、立ち上がった。

まずは、目の前の帝国生命との合意書を何とかしなければ。

＊　＊　＊　＊　＊

花森が弁護士と会議室にこもって帝国生命との賃貸借契約更新交渉戦略を協議しているころ、立身大学経営学部特任准教授・辻田健太郎の研究室には、誰もいなかった。辻田はつい先ほどまでデスクで仕事をしていたらしく、ＰＣの電源は入ったままだ。机には空のコーヒーカップがあり、どうやらコーヒーを買いにいったようである。

ＰＣの画面には、読みかけのメールが開かれていた。差出人は、令和学院大学観光学部長　岡村雅夫、とある。

「辻田先生、ご無沙汰しております。いろいろとご活躍のご様子、何よりです。当方は立身大学を辞して早2年、ようやく令和学院大学所属の意識が根付いてきた気が致します。

さて、先生は立身大学特任准教授となられ、今年で5年目と記憶しております。以前から御学の規則が変わっていなければ、特任の任期は今年で最後、期間延長もないとの認識です。もし、来年度以降のご予定がまだ決まっていらっしゃらないのであれば、是非本学に移籍されることをご検討いただけないでしょうか。

実は我々の観光学部でも再来年度から修士課程を新設することになりました。もちろん、文部科学省の認可待ちですが、今のところ予定通り開設できる見込みです。多くの教員が学部との兼務となりますが、先生には実業界でのご経験を活かし、ケーススタディ中心のクラス運営を担っていただきたいと考えております。特任ではなく、常任のポストをご用意する所存です。

もし、ご興味を持っていただけるということであれば、一度是非直接会ってお話をさせていただけないでしょうか。来週以降でご都合のよろしい日時をいくつかいただければ、当方で調整のうえ、研究室までお伺いします。

ご連絡、お待ち申し上げます。

令和学院大学観光学部長 岡村雅夫

追伸　学食では相変わらずカツカレーばかり食べていらっしゃいますか？　本学の学食には三元豚のとんかつにブラックカレーをかけた本格的なかつカレーがあります。是非一度、ご賞味ください。」

辻田はまだ研究室に戻ってこない。突然、メールソフトと同時に開けてあるブラウザ上の経済ニュースサイトがアップデートされた。速報のヘッドラインはこう読める。

「帝国生命、外債投資失敗により巨額損失計上へ」

ニュース記事はこう続いていた。

「1990年代に一度破綻し、その後米国プレジデンシーグループの傘下に入り経営再建を果たした中堅生命保険会社の帝国生命が、今期決算で巨額の損失を計上することが関係者の話から明らかになった。運用能力が他社比劣る同社がここ数年重点的に行なってきたブラジル、トルコ、南アフリカなどの高利回り外国債券投資は、ここまで同社の運用成績を支えてきたと言える。しかし、先日来のヨーロッパ金融不安がこれら高金利国へも波及した結果、債券価格が下落するとともに為替が暴落し、帝国生命において巨額損失計上が避けられない事態となった模様だ。同社は含み益の実現化と流動性確保の観点から、簿価の低い不動産の売却に踏み切るとの観測が流れている。」

辻田はまだ戻ってこない。研究室の電話が鳴った。6、7回ほどコールしたのち、発信人は誰も応答しないことにあきらめたのか、電話器は静かになった。ほどなく、「ポーン」と音がしてPC上のメールソフトに新着メールが届く。差出人は豊島興産社長・豊島吾郎。但し、豊島自身はPCが苦手なので、いつも秘書が代筆している。タイトルは「ホテルメガロポリス不動産買戻しについて」。

辻田はまだ戻ってこない。少し西に傾いてきてはいるが、相変わらず柔らかい春の日差しが窓から差し、誰もいない研究室を照らしていた。

あとがき

特別対談

知識格差の改善は〝内側〟と〝外側〟の両方から大きなポテンシャルのある業界の若者のために

日本ホテル㈱　東京ステーションホテル
常務取締役　総支配人
藤崎　斉氏

×

『もてなしだけではもう食えない』
著者
沢柳　知彦氏

本著のあとがきとして、ホテル業界の未来を照らす二人の対談をお届けしたい。

一人目は立教大学から日系ホテル企業に就職し、ヒルトン東京、ウェスティンホテル東京、JALホテルズ本社とキャリアを重ね、生まれ変わった東京ステーションホテルの総支配人に就任するなど、まさにホテリエのロールモデルとも言える藤崎斉氏。

もう一人は本著の著者であり、不動産投資アドバイザリーとして長く日本のホテル業界を外側から、しかし深く見続けてきた沢柳知彦氏。

共に当初はホテル業界に必ずしも縁がなかった二人が、今、業界の内側・外側の両面から業界の未来を照らしている。今や業界を誰よりも愛すると言っても過言ではない二人の対談は、ホテル業界がさらに前進していくための示唆に富んだものとなるだろう。

文　本著編集担当
㈱オータパブリケイションズ 執行役員
マネージングディレクター 岩本 大輝
撮影 浅沼 ノア
撮影場所：ホテルメトロポリタン（東京・池袋）

「二人ともホテルを目指していたわけではなかった」

それぞれの経緯

沢柳　今日はお忙しい中お時間をいただきありがとうございます。今回の対談は拙著『もてなしだけではもう食えない』のあとがきとして、立教大学を卒業され、日系ホテル、外資系ホテルなどで幹部職を経験され、現在は100年以上の歴史を持つ東京ステーションホテルの総支配人としてご活躍されている、まさに日本のホテリエのロールモデルとなる藤崎さんのお話をお伺いしたく、対談という形でのお時間をいただけることになりました。

藤崎　こちらこそ、このような機会をいただきありがとうございます。

沢柳　藤崎さんはさまざまなホテルを通じてキャリアアップをされてきました。まずはどのような経緯で立教大学からホテルに就職をされたのかお話しいただけますでしょうか？

藤崎　実は、私はもともとホテル業界志望ではありませんでした。ですが、就職活動でさまざまな

日本ホテル㈱　東京ステーションホテル
常務取締役　総支配人
藤崎 斉氏

就職セミナーで幅広い業界や企業のお話を聞く中で、「これからは観光業界に大きな可能性と魅力がある」と感じ、当時リクルートの子会社としてスタートしたばかりのホテルに携わることになりました。

沢柳　最初はホテル業界を志望ではなかったと？

藤崎　はい、そもそも私は立教大学の経済学部卒です。今でこそ観光学部が独立していますが、当時は社会学部のホテル・観光学科でした。今回の沢柳さんの著書『もてなしだけではもう食えない』ではないですが、「おもてなし」をしたくてホテル業界に入ったわけではなく、余多あるビジネスのひとつとしてこの業界に入り、ある程度客観的に見ていたのは今となっては良かったのだと思っています。

沢柳　なるほど、そのような経緯があったのですね。ところで、その後現在のヒルトン東京（当時は東京ヒルトンインターナショナル）に開業メンバーとして入社されています。そこにはどのようなお考え、想いがあったのでしょうか？

本書著者
沢柳 知彦氏

藤崎　最初に入社した会社に勤めていた時のことです。当時は優秀な学生はおろかホテル業界に人がなかなか来ない時期でした。そこで、上司の命令で「一本釣りをしてこい！」と、複数の大学にリクルーティングの営業をかけにいったわけです。すると、某有名大学で「申し訳ないがお宅にうちの学生を送るのは・・・」と卒業生の就職先リストを見せられ、非常に消極的でした。当時、ホテル業界は水商売の延長線上に見られていた側面があったのでしょう。欧米ではロッジングビジネスとして産業になっているのに、産業として見られていない。それが悔しかったですね。当時はまだそのような時代でした。

ヒルトン東京への入社ですが、ホテル業界で働くのであればグローバルスタンダードは経験してみたいと思うようになったのが理由です。ご縁をいただき、新宿に移転した東京ヒルトンインターナショナル（現ヒルトン東京）に開業スタッフとして入社することになりました。

沢柳　そのような経緯があって入社されたのですね。そしてフロント支配人、宿泊支配人、さらには日本、韓国、グアム、ハワイのエリア担当フロントオフィスコーディネーターになられるまで経験を積まれたと。

ところで、先ほどホテル業界を就職活動の中で知り、ホスピタリティーではなくビジネスの視点で業界に入られたという点では、私も似たものを感じます。当時、私は日本長期信用銀行にいた銀行員で、社内異動で不良債権化しているホテルを担当しろということになりました。結果それが自分自身のライフワークとなったわけですが、当初はそれほど長く携わろうとは思っていませんでした。ただ、「おもしろい業界だな」と感じたのを覚えています。

藤崎　沢柳さんの視点で「おもしろい業界」というのは？

沢柳　労働環境の課題や、冒頭にお話をしたような知識格差の課題はありますが、逆に言えばポテンシャルのある業界だと思うのです。コロナ禍以前の数年はインバウンドブームに口を開けて待っているだけでも成長できた部分もあるのかもしれませんが、それだけではダメだということを今回のコロナ禍で経験をしました。一方で、外資系のホテル企業は同様の経験を米国同時多発テロやSARSで経験をし、今に至っています。ところが、日本のホテル業界は今までこのようなグローバルな危機を共有してきませんでした。それ以外にも、多様な価値観、民族が共にチームとして働くグローバル企業はさまざまな経験の蓄積があります。
藤崎さんの視点で、日系企業とグローバル企業の風土の違い、例えば働き方の違いなり、出社してからすぐ何をするかなりの違いはあるのでしょうか？

「グローバルかノングローバルか」経営風土の違い

藤崎　よく言われる日系と外資系というより、グローバルかノングローバルかの視点の違いはあると思います。弊社グループも8月に「ホテルメトロポリタン プレミア 台北」を開業し、グローバルの第一歩を踏み出しましたが、例えばＴＯＹＯＴＡは日系企業ですがグローバル企業です。そこで、言葉という意味ではない共通言語で会話ができるかというのは重要です。

今回の対談にあたりあらためて本書を読み返させていただきましたが、部門別収支やＧＯＰといった明確なＫＰＩがあって、それが計測できる。そうすると、これがここにつながっているのだなと理解ができる。そして、それらを改善、向上させるためにはどうしたら良いかを互いにディスカッションすることができます。

沢柳　今、グローバルかノングローバルかという言葉がありましたが、非常に重要な点だと思います。

　ノングローバルでやっていると、

①「阿吽《あうん》の呼吸」、「分かってくれているよね」というのが存在し、部下はマネジメントとしての仕組みを理解しにくい。

②その結果、その部下がマネジメント層になると、更にその部下にマネジメントとは何かが伝わらなくなる。

といったケースが散見されます。

藤崎　まさにおっしゃる通りです。マネジメントを理解せずにマネジメントになって後で困るという事例とか。

　グローバルの場合、人材は常に流動するという前提で、ローカルルールよりももっと骨格的な仕組み、共通言語が前提になっています。もちろん、ローカルルールが重要であることも理解できますが、それは別の次元の話です。

沢柳　日本の場合、独立系のホテル企業が多く会社ごとに指標が違うとか、極端に言えばローカルルールだらけになっている印象です。

藤崎　基準がないとそうなります。ホテル・旅館によってサービス料やミニバー、VODの料金がADRに入っていたり、そうすると財務諸表を見ても本質や課題が分からない。これはスタンダードがないことによる弊害でしょう。やはりスタンダードは必要です。その上で、ローカルを武器にするべきかと思います。ベースが揃っていないとメジャメントも出来ないわけですから議論もできませんし、オーナーに対して説明責任も果たせません。

沢柳　これは推測ですが、日本の宿泊産業は家内制手工業の旅館から始まっているからこそローカルルールだらけなのかもしれませんね。

藤崎　そう思います。独立系で、ローカルだけでやっていくのであればそれで良いのでしょうが、ビジネスを拡大したり、あるいは外部人材を登用するには、それがネックになります。

グローバルチェーンの場合、ＫＧＩや年間計画をベースにＰＤＣＡを回す仕組みがあり、それを全世界のホテルが同じルールで使っています。

また、そうしたスタンダードは平時ではなく有事の際も同じで、米国同時多発テロの時にまさにそれを経験しましたが、危機発生時に何をどこまでやらないといけないかということが全世界で危機レベル別に取組み方法がすぐに用意されましたし、また世界中の具体的取組み事例なども共有することが出来ました。

沢柳　そうですね。しかもグローバルチェーンの場合、そうした仕組みを一度作ったら終わりではなくアップデートし続けていますよね。日本だとＳＯＰを何千万円も支払ってコンサルタントに作らせたけれどもその後アップデートされずに終わっている、という事例も見られます。

藤崎　私が経験をしたヒルトンをはじめとしたグローバルチェーンは継続的にアップデートされていきますね。一度インストールしたら終わりということはありません。

「社歴が長い＝昇進ではない」キャリアアップ環境の大きな差

沢柳　ありがとうございます。経営風土に大きな違いがあることが理解できました。一方で、それを変えていくためには何をしたら良いと思われますか？

藤崎　先ほどマネジメントのお話がでましたが、体系だった教育システムやプログラムがあることが重要だと思います。私の経験したグローバルチェーンではスーパーバイザー、マネージャー、ディレクター、総支配人レベルとそれぞれ体系だった教育の仕組みがありました。またプロモーションにアセスメントテストを導入している企業もあります。

沢柳　このポジションに就任するにはこれらのことを知らないとなれないよ、と理解できる。

藤崎　まさにそうです。一般的にこのポジションの人はこれができないとなれませんというＪＤ（Job Description：職務分掌記述書）があります。このタイトルにはこういうスキルや能力が必要で、やっていただきますと明文化しているものです。これは適正な評価や公平な人事にも有効ですし、採用時にも必要となります。

沢柳　日本だと、このポジションを何年やったから昇進とかありますね。また、ホテル以外の業界でも、営業成績が優秀だから昇進させるという事例は余多あります。経験年数が長いから、あるいは営業成績が優秀だから良いマネージャーになれる、とは必ずしも言えるわけではないのに。

藤崎　それはグローバル企業の考え方ではないですね。基本的には年功序列には功罪があると思いますし、全て否定しているわけではありません。が、出来なくてはいけない部分が、その人の属人的な仕事のやり方で進められてしまうケースがあります。当然意思決定などもそうした人の影響を受けてしまいますから、さきほどのローカルルールと同様になってしまいます。本来であれば明確な資格要件があってやっていく必要があるのではないでしょうか。

「外資系という言葉が阻害要因となる」フィロソフィーとしての定着の重要性

沢柳　外資系ホテルではJDがあって、こういうことができないとキャリアアップをできないですよというのが明確で、それを学ぶために、例えばコーネル大学ホテル経営学部の修士課程に進学する、といった流れができあがっていますが、日本にはそういうものがありません。藤崎さんはマネジメントに必須な知識はどのように学ばれたのでしょうか？　例えば藤崎さんはレベニューマネジメントも深い知見をお持ちですが？

藤崎　正直、ＯＪＴでしたね。ヒルトン在職中に国内でいち早くレベニューマネジメントの導入をプロジェクトとして命じられた際は、当時関連書籍も限定的でしたし、ヒルトンが採用したレベニューマネジメントシステムをグローバルに展開していたＩＤｅａＳ（アイデアス）という米国企業、ヒルトン本社スタッフの合同チームから教わり、また力を借り、統計学も必要なので、そこは自ら学びました。そして、何より重要だと思ったのはその必要性を関係するホテルスタッフに理解させることでした。

沢柳　フィロソフィーとして定着をさせないといけない。

藤崎　まさにその通りです。

沢柳　そのお話を聞いて、それを日本でやるならどうすれば良いのかというのがポイントになりそうです。大学の先生を講師として学ぶ、というのも違う気がします。

やはり藤崎さんがおっしゃるように、まずフィロソフィーを共有し、定着させることが重要ですね。レベニューマネジメントでもセグメンテーションでも、なぜそういうのをやるのかというのをちゃんと全員が理解していて、「うちのホテルはこういうセグメンテーションをターゲットにしているからこうやるんだ」と共通の理解ができる会議体が作れると若い人も学べます。

藤崎　そうですね。日本でそうしたフィロソフィーの定着の阻害要因となるのが「外資系のやり方は日本には合わない」という思い込みや、ちゃんと深く理解をした上で必要か不要かというのではなく、毛嫌いをしてしまう、一種アレルギーもあるように思います。「米国ホテル会計基準は日本には合わない」と、その本質や効力も分からずに決めつけてしまうのは危険だと思います。また一方で、単なるグローバルの方法論だけを押し付けられ学んでも、そこにフィロソフィーをきちんと理解し、伝えることが出来なければ、単なる見様見真似のゲートキーパーに成り下がる危険性もあります。

沢柳　ＪＡＬホテルズ在籍時代はまさにそれをなさっていたのでしょうか？

藤崎　やっていました。但し、当時海外にも20店舗ほどポートフォリオを擁していましたので、ライバルは当然グローバルチェーンになりますし、意識せざるを得ませんでした。また、親会社の日本航空は国内のみならず、国外でも競争していましたので、そこはグローバルに対しての抵抗感というものは、少なくとも本社に於いてはなかったように思います。

そのアレルギーをどのように取り払うのかと考えていた時、「外資系」や「国内系」という表現は逆にそれを助長してしまうと感じていました。ですから私は「グローバル」と「ノングローバル」という言葉を使うようになったのです。

そして「外資系のやり方は・・・」と言っているスタッフにこう聞くのです。「ＴＯＹＯＴＡやＭＡＺＤＡ、ファーストリテイリングは外資系ですか、日系ですか？」と。彼らもグローバルにビジネスを展開するにあたり大きな変革があり、だからこそ国籍にかかわらず今世界で戦える企業になっています。グローバルホテルチェーンも同じなのです。

沢柳　勝てる能力があってもその素地となる基礎体力がないと発揮できない。野球でも基礎体力があるから速い球を投げられる。

藤崎　その通りだと思います。

「内部と外部、両方の取り組みが重要」知識格差の改善を通じて目指す未来

沢柳　冒頭に申し上げた、私は知識の格差の改善を通してホテルオペレーターの収益改善やホテリエの待遇改善を支援しようとしているわけなのですが、まだ課題も多いなと感じています。一方で、課題が見えてきたことは良いことだとも言えます。

藤崎　おっしゃる通りです。課題が分かっているということは前進をしているということです。TOYOTAでは管理職になると、課題抽出力はもちろん、課題創造力というのを学ばされると聞きました。今から3年先、5年先を考えて課題を自ら創造する。まさに課題が前進の原動力になっているのだと思います。

沢柳　「おもてなし」だけではない経営知識の啓蒙《けいもう》には藤崎さんのような方に伝道師になっていただいて、伝えることも必要だと思います。

藤崎　先ほどのように「それは外資のやり方だろ」と単純な結論になってほしくありません。そこは良いとこ取りのハイブリッド型もあるでしょうし、先ずは広く全体を理解した上で進めるべきだと思います。

今回、沢柳さんの連載で非常に印象深かったのが、花森心平くんが経営危機に陥っているホテル経営のことだけではなく、きちんと対ゲストのことも考えていることでした。だからこそだんだんと周りの共感を得て仲間を増やしていっている。その共感というものが単なる方法論のみならず、非常に重要だとも感じますし、組織的にはキーワードになるかと思います。

私は過去にオペレーターサイドの人間として長くやってきた中で業界として残念なのが、沢柳さんが「知識格差」という言葉を使われるように、投資ファンドなどのオーナーサイドから「お前らこんなことも知らないのか」と言われてしまい、そしてオペレーターはそれで萎縮してしまう。本来であればお互いが専門家として共通のゴールを目指しているにもかかわらず、です。

オペレーターがその専門家としてもっと意見を言えていい。もちろんそのためには勉強も必要ですし、我々自身反省すべき点も多々あると思います。が、やはりグローバルスタンダードを知らなくては防戦一方になりがちです。そういう環境ができてくれば、若い人の中から将来的に総支配人になりたいという人がもっと出てくるのではないでしょうか。ホテルの総支配人というのは特に海外では社会的地位が非常に高いですし、憧れの仕事です。加えて日本では給与バンド（役職による給与の格差）が小さいので、これも改善が必要かもしれません。無論、完全実力主義を唱えているわけでもありませんし、日本に於いてはセーフティーネットとしての給与体系は必要かと思いますが、グローバルチェーンの主要ホテルの総支配人はサラリー以外の多くのベネフィットも含めて非常に厚遇されていますので、そこを目指す人も多くなるという循環も見られます。

沢柳　オーナーとオペレーターの関係はまさにおっしゃる通りです。そして確かに日本は給与バンドが小さい。

藤崎　ほかにも、優秀な人にはどんどんチャンスをあげていいと思います。また逆に一度失敗すると敗者復活戦が一層厳しくなるというような、チャレンジ精神を阻害するような風土や慣習も散見されます。

沢柳　お話を聞いていてあらためて実感をするのは、「これを学ばなくてはいけませんよ」と外部からガツンとやるだけではダメだということですね。内部からそういう雰囲気を作り、機会を作っていくことが非常に重要です。

藤崎　そうですね。先ず風土や文化が必要で、そして言われたからやるという「他人事」ではなく、機会があればそれを「自分事」として取り組むということが大切だと思います。日本は国策として観光業が重要であると位置付けていますし、国が持つコンテンツやリソース力から言っても、より良くなっていくポテンシャルは十分にあると思います。その過程で、教育の重要性はより認知されていくことになるでしょう。その中で、沢柳さんの今回の著書の出版と、すでに連載時に行なわれていたウェビナーなどはその第一歩となっているはずです。これからもホテル業界のさらなる改善・発展のために、よろしくお願いします。

沢柳　過分なお言葉をありがとうございます。引き続き教育という立場でもホテル業界にお役立ちしていきたいと思います。この度はご多忙の中ご協力をいただき、ありがとうございました。

【プロフィール】

藤崎 斉 Hitoshi Fujisaki

立教大学経済学部卒業後、日本リクルートセンター（現・㈱リクルート）の子会社を経て、１９８４年東京ヒルトンインターナショナル（現ヒルトン東京）開業スタッフとして入社。チーフレセプションクラーク、フロントオフィス支配人、宿泊支配人、ヒルトンインターナショナル社日本・韓国・グアム・ハワイ地区担当エリア・フロントオフィスコーディネーター（兼任）を務め、２００２年ウェスティンホテル東京に入社。宿泊部長を経て副総支配人を務めた。06年㈱ＪＡＬホテルズ本社入社。営業副本部長を経て、執行役員営業本部長兼マーケティング部長、ホテルニッコーＵＳＡ社長（兼任）。２０１１年7月、日本ホテル㈱に入社。東京ステーションホテル開業準備室長、２０１２年 取締役総支配人、２０１５年より現職。

沢柳 知彦（さわやなぎ・ともひこ）

立教大学ビジネスデザイン研究科 特任教授
㈱ブレインピックス 代表取締役

一橋大学経済学部卒、コーネル大学ホテル経営学部修士

日本長期信用銀行、外資系証券会社を経て、ジョーンズラングラサール㈱のホテル投資アドバイザリー部門長、取締役を歴任。マンダリンオリエンタル東京、リッツカールトン東京、アマネムなどのホテルオペレーター選定ならびに契約交渉支援、IHG-ANA ホテルズグループの JV 組成支援、ANA ホテルポートフォリオ、トマムリゾート、ウェスティンリゾートグアムなどの売却支援を主導、売却支援ホテル資産累計額約 6,000 億円

著作に、「米国ホテル会計基準（税務経理協会、翻訳協力）」「ホスピタリティ・マネジメント（生産性出版、共著）」「ホテルのリスクマネジメント実務マニュアル（総合ユニコム、共著）」「ホテル投資・Ｍ ＆ Ａのためのデューデリジェンスとバリューアップ資料集（総合ユニコム、共著）」など

経済産業省、文部科学省、総務省、観光庁、環境省の有識者会議委員　歴任

もてなしだけではもう食《く》えない

2021年11月12日　第１刷発行

著　者　沢柳知彦
発行者　太田　進
発行所　株式会社オータパブリケイションズ
〒104-0061 東京都中央区銀座1-24-1
銀一パークビル5階
電話03-3538-1001
http://www.hoteresonline.com
印刷・製本　富士美術印刷株式会社

Printed in Japan　ISBN978-4-903721-91-0　C3034
定価はカバーに表示してあります。